Abenteuer
ESKAPADEN
AUSZEIT
AUSGLEICH
Wochenende
LÄCHELN
STADT.LAND.
FLUSS.
LEICHTIG-
KEIT
FREE
ERLEBEN
GRÜN
kleine
Fluchten
Wege
Lebensfreude
NATUR
GLÜCK
von Elisabeth Wein
AF551459

Nur ein paar Stündchen

Nix wie raus, ganz schnell ins Grüne. Auch mit wenig Zeit lässt sich Großartiges erleben. Kleine und große Abenteuer warten direkt vor der Haustür.

4H

Raus für einen Tag

Man muss nicht das Land verlassen, um neue Welten zu entdecken. Einfach mal einen Tag lang raus aus dem Alltagsallerlei und rein in die Natur.

12H

Ferien für ein Wochenende

Warum auf die große Auszeit warten, wenn man einen Wochenendtrip in der Nähe machen kann? Vergnügen, Abenteuer und Wohlgefühl kompakt und intensiv.

36H

LIEBE LESERIN, LIEBER LESER,

in der Natur war ich schon immer gerne, aber irgendwie waren über die Jahre die Wanderschuhe und das Radl etwas eingestaubt. Doch dann kam dieses Buch und damit ganz viel Draußen-Zeit mit dem Herzensmenschen, mit Freunden oder alleine im Naturpark Altmühltal. Das hat meinen Rucksack mit einzigartigen Erinnerungen gefüllt: samt Sonnenaufgängen auf Wacholderheiden, eiskalten Karstquellen für heiß gelaufene Wanderfüße und Begegnungen mit besonderen Menschen, deren Wege die meinen kreuzten. Ich hoffe, dass die hier vorgestellten Touren genau das widerspiegeln.

Viele wunderbare Eskapaden im Naturpark Altmühltal wünscht Ihnen, dir und euch

Elisabeth Pichi

PS: Informationen zum GPX-Download gibt's auf Seite 224.

AUSZEIT.
ABENTEUER.
LEBENSFREUDE.

1. KAPITEL ABSTECHER

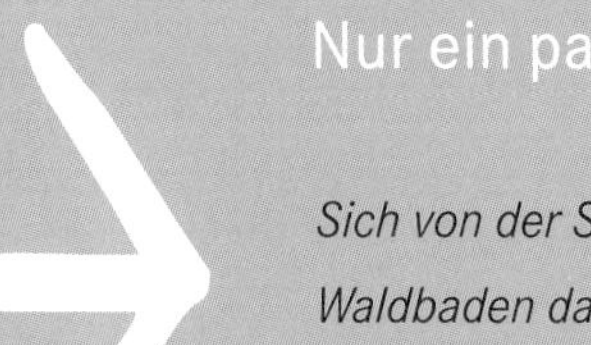

Nur ein paar Stündchen

4H

Sich von der Sonne wachküssen lassen, beim Waldbaden das Tempo rausnehmen und sich auf mystische Momente freuen – oft bringt eine kleine Auszeit großes Glück.

BLÜHENDER NATUR-BOOSTER

… im Märzenbecherwald Ettenstatt

Wenn der Winter seine Kraft verliert, wachsen bei Ettenstatt zauberhafte kleine Sonnenboten: die Märzenbecher. Ihre weißen Blüten bedecken fast den gesamten Boden des Märzenbecherwalds und ein Spaziergang durch dieses Naturschutzgebiet weckt wunderbare Frühlingsgefühle.

#VorfreudeaufsFrühjahr #SonneimWald #Sumpfschönheit

Ein Spaziergang durch den Ettenstatter Märzenbecherwald ist ein wunderbares Frühlingsritual.

Man muss ehrlich sein: Die Winter im Naturpark Altmühltal sind nicht die strengsten. Auch wenn es zwischendurch mal ordentlich Schnee geben kann, so haben sie hier bei Weitem nicht die Kraft wie in den Bayerischen Alpen oder gar in Skandinavien. Trotzdem kann man sich am Winterende bestens in Astrid Lindgrens Bücherheldin Ronja Räubertochter einfühlen, die mit einem wilden Frühlingsschrei durch einen Wald voller Rumpelwichte und Graugnome springt. In Ettenstatt allerdings tragen die Frühlingsboten Weiß: Tausende von Märzenbechern bedecken zwischen Ende Februar und Anfang April den noch braunen Waldboden. Die Runde durch den Märzenbecherwald, der als Naturschutzgebiet ausgewiesen wurde, ist nicht lang. Deshalb bietet es sich an, diese frühlingshafte Eskapade bereits im Ort selbst beginnen zu lassen und entlang der Felder leicht bergan zu spazieren.

Den Einstieg in den Rundweg markiert eine große Tafel mit Infos rund um den Märzenbecher, den Ettenstatt übrigens auch stolz in

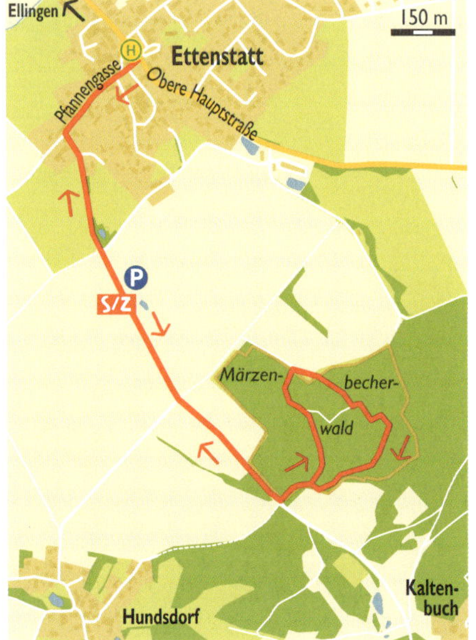

seinem Gemeindewappen trägt. Darauf steht unter anderem, warum die selten gewordenen Blumen ausgerechnet hier so gut gedeihen: Sie mögen den sumpfigen Boden des Moorwalds genauso wie das Licht, das noch vor dem Austreiben der Laubbäume auf den Waldboden fällt.

Leicht ansteigend folgt man dem breiten Pfad, der beste Blicke auf den weißen Blütenteppich bietet. Beim Schauen sollte man es auch belassen: Die Blumen mit ihren dunkelgrünen Stängeln und weißen Blüten-Glöckchen dürfen weder gepflückt noch ausgegraben werden – zum einen sind sie in allen Teilen giftig, zum anderen stehen sie unter Naturschutz.

Selbst wenn eine Detailaufnahme noch so verlockend scheint: Auch die ausgewiesenen

Hok di her: Dieser Aufforderung folgt man gerne und genießt die Frühlingssonne im Märzenbecherwald.

Wege sollten nicht verlassen werden, damit keine der Pflanzen zertrampelt wird. Wer Glück hat, entdeckt zwischen den Märzenbechern noch weitere blühende Frühlingsgrüße wie Buschwindröschen, Leberblümchen oder Sumpfdotterblume. Auch sie lieben das Licht, das durch die noch kahlen Zweige der Eschen, Schwarzerlen und Ahornbäume fällt. Schließt sich das Blätterdach, ist es auch mit ihrer Blütenpracht vorbei.

Doch noch ist es nicht so weit, und so führt der Weg weiter von Blütenteppich zu Blütenteppich. Der höchste Punkt des Wäldchens ist bald erreicht, und begleitet vom Murmeln der kleinen Quellen, die in diesem Moorholz sprudeln, gelangt man an den Waldrand. Ein breiter Feldweg führt zurück zur Straße, die einen zum Ausgangspunkt in Ettenstatt bringt.

FAZIT: ENTSPANNTER SPAZIERGANG MIT FRÜHLINGS-VORFREUDE UND ZAUBERHAFTEM NATURSCHAUSPIEL.

Hin & weg: Nächster Bahnhof: Ellingen, Busverbindung nach Ettenstatt (keine direkte Verbindung an Sonn- und Feiertagen); Parken in Ettenstatt oder entlang der Verbindungsstraße Ettenstatt-Kaltenbuch.

Beste Zeit: Je nach Winterverlauf blühen die Märzenbecher von Ende Februar bis Anfang April; der Spazierweg ist vor allem an Sonntagnachmittagen sehr beliebt, deshalb empfiehlt sich ein Besuch morgens oder unter der Woche.

Dauer & Strecke: Ca. 1 Std. für 2,8 km

Ausrüstung: Feste Schuhe oder Gummistiefel, da der Waldboden im Frühling sehr sumpfig sein kann.

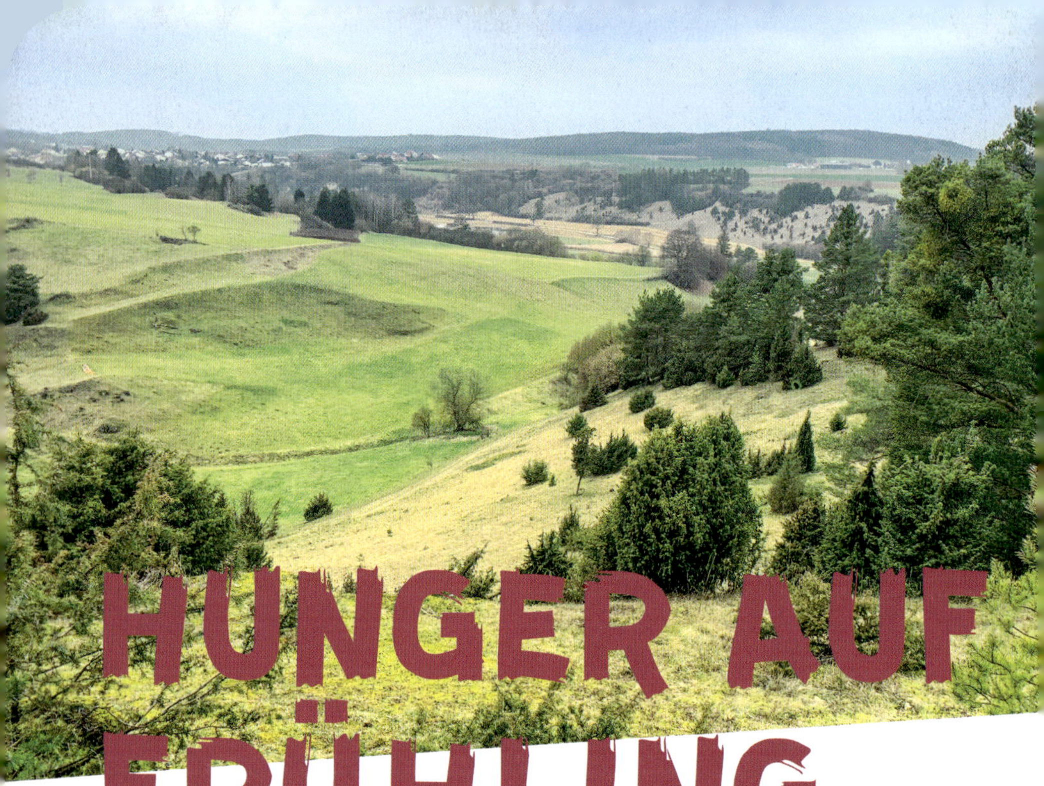

HUNGER AUF FRÜHLING

… am Altmannsteiner Kreutberg

#2

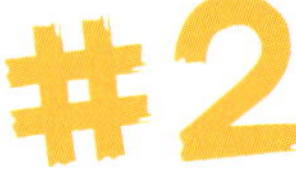

Auch wenn der Wind noch ganz schön kalt wehen kann, hält man es bei dieser Tour einfach wie die Natur am Altmannsteiner Kreutberg. Dort wachsen auf der Wacholderheide Scharen von Frühlings-Hungerblümchen. Diese kleinen Kämpfer machen klar: »Nichts wie raus, nichts hält uns auf!«

#GnomenGarten #keineScheuvormSchambachtal #frischerWind #einenimTee

→ ABSTECHER …

Winzige Frühlings-Hungerblümchen schmiegen sich an die Felsen des Altmannsteiner Kreutbergs.

Das Tal, in das sich Altmannstein zusammen mit dem Lauf der Schambach schmiegt, wird von steilen Wacholderheiden flankiert. Im Sommer verbreiten sie mediterranes Flair. Doch jetzt im März will sich das, während einem der Wind um die Ohren pfeift, noch nicht einstellen. Eher erinnern die kargen Hänge ans schottische Hochland. Gerade das ist bei dieser Tour besonders verlockend.

Zuerst muss man hinauf, also geht es auf dem Wanderweg Nr. 2 von der Bahnhofstraße über Treppen bergan und aus dem Ort hinaus. Während von der anderen Talseite die Burg Altmannstein herübergrüßt, schlüpft der Weg zwischen den Hecken hindurch und erreicht die erste Wacholderheide. Leuchtend grüne Moose auf den verstreut liegenden Felsblöcken sorgen für Farbtupfer und auch die immergrünen Wacholderbüsche trotzen dem Wind.

Über die steile Wacholderheide führt der Weg hinunter zur Schambach und über eine Brücke. Dann ist der Fuß des Kreutbergs erreicht und damit eines der eindrucksvollsten Landschaftsschutzgebiete im Schambachtal. Warum dem so ist, zeigt sich schon nach wenigen Metern aufwärts im Wald. Wie eine Pforte geben Büsche einen schmalen Pfad frei. Wer ihm

folgt, fühlt sich wie im Märchen: Linkerhand erstreckt sich ein Felsengarten, der an eine erstarrte Versammlung von Gnomen erinnert.

Zwischen ihnen breitet sich ein Teppich aus winzig kleinen weißen Frühlings-Hungerblümchen aus. Bald schon werden ihnen die violetten Küchenschellen und das gelbe Bergsteinkraut Gesellschaft leisten. Doch der Zauber dieser tapferen Frühlingspioniere währt nur kurz: Schon im April wird von ihnen nichts mehr zu sehen sein.

Nach dem Felsengarten beschreibt der Wanderweg eine große Kurve leicht bergab, kreuzt ein kleines Wäldchen und steigt dann abermals den Kreutberg hinauf: Zu Füßen der Wandernden breitet sich nun mal steil abfallend, mal sanft wogend die Wacholderheide aus. Gut, dass dort, wo der Blick am schönsten ist, eine Sitzgruppe wartet. Der perfekte Ort, um die Thermoskanne aufzuschrauben und bei einer Tasse Tee die Nase in den Frühlingswind zu halten.

Hat man sich sattgesehen, bringt einen der Weg zurück nach Altmannstein. Bevor die Route durch enge Gassen in den Ortskern führt, macht sie noch Station an der Burg Alt-

---

Hin & weg: Nächster Bahnhof: Ingolstadt Hauptbahnhof, Busverbindung nach Altmannstein; Parkplatz in der Altmannsteiner Bahnhofstraße.

Beste Zeit: Ganzjährig, am schönsten aber im März zur Blüte von Frühlings-Hungerblümchen und Küchenschellen.

Dauer & Strecke: Ca. 1,5 Std. für 5 km.

Ausrüstung: Wanderschuhe, winddichte Jacke, evtl. Wandersitzkissen und Tee.

Klar, auf der Wacholderheide wächst Wacholder! Diese Trockenrasen gehören aber außerdem zu den artenreichsten Lebensräumen in Europa. Kurz vor Schluss macht die Tour noch Halt an der Burg Altmannstein.

mannstein. Zu besichtigen ist die Ruine samt Aussichtsturm allerdings erst wieder ab Anfang April. Macht aber nichts, denn auf dem Kreutberg hat man gelernt: Alles hat seine Zeit – ob Frühlings-Hungerblümchen oder Burgbesuch.

FAZIT: EINE DER IMPOSANTESTEN WACHOLDERHEIDEN IM NATURPARK ALTMÜHLTAL ZU EINER ZEIT, IN DER MAN DEN FRÜHLING KAUM MEHR ERWARTEN KANN.

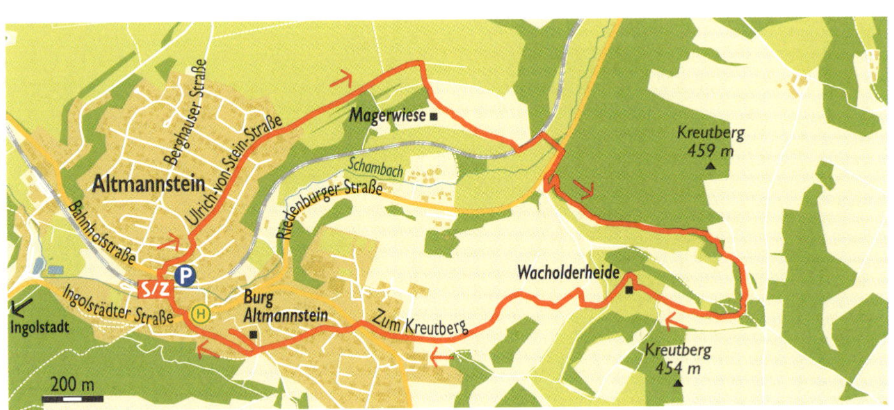

SCHLOSS IM STERNEN-MEER

Darf's ein bisserl Barock sein? Dann ab nach Ellingen! Die kleine Stadt am Rande des Naturparks Altmühltal ist ein Gesamtkunstwerk, das sich beim Spaziergang auf dem Barockrundweg bestens präsentiert. Wer sich im März auf den Weg macht, wird außerdem im Schlossgarten von einem Meer aus blühenden Blausternchen überrascht.

#vielenDankfürdieBlumen #reinindieResidenz #dastehteinPferdaufderFlur

Let there be (ba)rock! Für Ellingen ist das überhaupt kein Problem, wie der Spaziergang auf dem Barockrundweg zeigt. Besonders schön: der Schlossgarten.

Der erste Eindruck von Ellingen ist hochherrschaftlich – anders kann man die Residenz, die das barocke Stadt-Ensemble selbst an einem trüben Frühlingstag überstrahlt, kaum beschreiben. Diese Pracht verdankt Ellingen dem Deutschen Orden. Von 1216 bis zum Ende des 18. Jahrhunderts befand sich die Stadt im Besitz der katholischen Ordensge-

---

Hin & weg: Bahnhof Ellingen, zu Fuß ca. 12 Minuten bis zum Eingang der Residenz; Parkplätze an der Residenz Ellingen.

Beste Zeit: Das ganze Jahr, aber nur im zeitigen Frühling blühen im Schlosspark die Blausternchen.

Dauer & Strecke: Ca. 1,5 Std. für 4,6 km (ohne Besichtigung der Residenz).

Ausrüstung: Lust auf einen Spaziergang in barocker Herrlichkeit, Handy für den Audioguide (www.barockrundweg.ellingen.de).

Barock findet sich in Ellingen überall, hier etwa am Elisabethspital.

meinschaft, war sogar Residenz ihrer wichtigsten und reichsten Provinz. Das Innere der barocken Schlossanlage lässt sich nur im Rahmen einer Führung erkunden, was sich bestens für den Abschluss des Spaziergangs anbietet. Gut informiert wird man allerdings auch schon unterwegs dank mehrerer Infotafeln und den Stationen eines Audioguides, der übers Handy abgerufen wird.

Vorbei an der Schlossbrauerei geht es erst einmal hinein in den Park, der sich hinter der Residenz erstreckt. Im Frühling bietet er ein besonders schönes Schauspiel: Tausende von winzigen Blüten bedecken seine Wiesen. Sie gehören den Sibirischen Blausternchen, die sich wie ein Meer unter den stattlichen Bäumen ausbreiten. Dazwischen setzen Schneeglöckchen weiße Akzente und selbst die Blüten der Büsche wagen sich schon in den Frühlingstag – und das auch, wenn der Winter noch als verspäteten Gruß dicke Schneeflocken durch den Park wirbeln lässt.

Auch die Barock-Begeisterten wirbeln jetzt erst einmal weiter zu einst herrschaftlichen Bauten, ehemaligen Handwerkerhäusern, barocken Bürgerhäusern und zum Pleinfelder Tor. Als Teil der im Jahr 1600 fertiggestellten Stadtbefestigung liegt es am höchsten Punkt der Altstadt. Mit dem Tor im Rücken wird weiterspaziert: zum Rathaus oder zu den verwunschenen Mauern der einstigen Orangerie. Am Friedhof »wendet« der Rundweg und führt entlang der alten Stadtmauer und vorbei an Pferdekoppeln bis zum Elisabethspital als barockem Abschluss im Norden der Altstadt. Von dort führt er ins Rosental und über eine Brücke, auf der steinerne Heiligen-Figuren den Wasserlauf der Schwäbischen Rezat bewachen. Noch ein kurzes Stück verläuft der Weg parallel zum Flüsschen und biegt dann ab in Richtung Residenz, deren Ausmaße man von hier bestens im Blick hat.

Übrigens: Wer den Barockrundweg nicht nur mit einer Führung, sondern auch mit Genuss krönen will, dem sei das Café am Rathaus empfohlen – mit unaufdringlichem Barockcharme und einer Tortenauswahl, bei der sicher auch die Ordensherren schwach geworden wären.

FAZIT: GESCHICHTSSPAZIERGANG MIT BAROCKER OPULENZ UND EINEM BLAUEN BLÜTENTEPPICH.

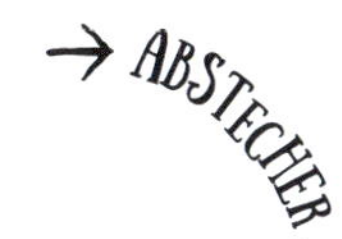

TEMPO RAUS, ENT-SPANNUNG REIN

... beim Waldbaden in Wemding

#4

Bei dieser Eskapade haben die Beine extrem wenig zu tun – und auch das Hirn hat Pause! Stattdessen darf man beim Waldbaden in Wemding einfach nur sein und dem Rauschen der Blätter im Wind oder dem Zwitschern der Vögel lauschen.

#ichglaubichstehimWald #LogenplatzuntermBlätterdach #Himmelsgucker

Der gelbe Huflattich sonnt sich schon mal im Wemdinger Erholungswald. Dem schließt man sich gerne an und macht es sich auf den Waldbade-Liegen bequem.

Mal ehrlich, wie lange ist es her, dass man einfach ohne Ziel durch den Wald gestreift ist? Wahrscheinlich viel zu lange! Und deshalb ist Waldbaden jetzt genau richtig. Prinzipiell entfaltet jeder Wald seine gesunde Anti-Stress-Wirkung. Wenn er aber so schön ist wie derjenige in Wemding, der von der Bayerischen Forstverwaltung als »Wald mit besonderer Bedeutung für Erholung« ausgezeichnet wurde – umso besser.

Passenderweise beginnt der Waldbadeweg, der zu mehreren Ruhestationen führt, am Wemdinger Waldsee-Freibad. Unterwegs besteht die einzige Herausforderung darin, sich Zeit zu nehmen: also Handy aus, Fitness-Tracker runter und vor allem – Tempo raus. Achtsames Schlendern mit offenen Sinnen ist angesagt. Dabei helfen Atem- und Meditationsübungen, die unterwegs auf Schildern beschrieben werden.

Es braucht ein paar Minuten, bis sich die Sinne darauf eingestellt haben, dass sie alles dürfen, aber nichts müssen. Dann aber ist in der Stille des Waldes so viel zu sehen und zu hören: Das Rascheln des Laubs, das Zwitscherkonzert der Vögel, die vielen Schattierungen an der Rinde eines einzelnen Baums oder die

---

Hin & weg: Parkplatz am Wemdinger Waldsee-Freibad.

Beste Zeit: Geht eigentlich immer, das Frühlingserwachen im Wald ist aber besonders schön.

Dauer & Strecke: 30 Min. für 2 km, mit Waldbadestationen mindestens 1 Std.

Ausrüstung: Eventuell Decke und Kissen.

Blüten von Leberblümchen, Huflattich & Co., die sich der Frühlingssonne entgegenrecken.

An mehreren Stationen laden Holzliegen ein, ein Bad unter Baumkronen zu nehmen. Wer leicht fröstelt, packt einfach eine dünne Decke ein. Auch ein kleines Kissen passt in jeden Rucksack. Und dann macht man es sich auf dem Waldsofa bequem, schaut in den Himmel und hält es genauso, wie es ein Beethoven-Zitat an jedem Ruheort beschreibt: »Blick in die schöne Natur und beruhige dein Gemüt.«

FAZIT: EINE FEINE KRAFTQUELLE FÜR ZWISCHENDURCH MIT ÜBERRASCHEND BEQUEMEN WALDSOFAS.

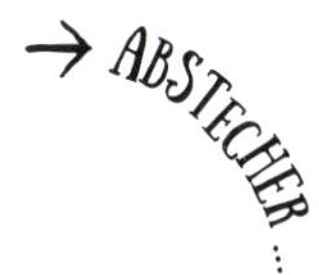

FREIHEIT FÜR DIE FOSSILIEN

 … … im Besuchersteinbruch Mühlheim 

Mit Hammer und Meißel klopfen sich Fossilienbegeisterte im Besuchersteinbruch Mühlheim durch die Erdgeschichte. Behutsam spalten sie die weichen Steinschichten der Mörnsheimer Plattenkalke und befreien rund 140 Millionen Jahre alte Lebewesen aus ihrem versteinerten Gefängnis.

#Hammersache #versteinerteLagune #dreckigaberglücklich

Im Besuchersteinbruch hämmern und meißeln die Profis ebenso wie die Fossilien-Anfänger. Schön schmutzig werden alle!

Das wird dreckig, das wird laut, das wird paläontologisch! Paläo...was? Richtig gelesen, hinter dieser Eskapade steht die Wissenschaft von den Lebewesen der geologischen Vergangenheit, meist besser als Fossilien bekannt. In den Steinschichten des Naturparks Altmühltal haben sich die Urzeit-Bewohner besonders gut und zahlreich erhalten.

Das Schöne daran: Die Fossilien-Faszination ist nicht nur den Wissenschaftlern vorbehalten, weshalb der Besuchersteinbruch bei Mühlheim für Schul- und Familienausflüge und auch für Kindergeburtstage sehr beliebt ist. Bei schönem Wetter kann also einiges los sein, genügend Platz hat bei über 6000 Quadratmetern Fläche aber jeder.

Selbst wenn das Wetter noch nicht so lieblich ist, alleine ist man fast nie: Es gibt viele eingefleischte Fossilienfans aus aller Herren Länder, die ganze Wochen im Mühlheimer Steinbruch verbringen – immer in der Hoffnung auf den nächsten großen Fund. Davon gab es bereits einige: riesige Ammoniten, Krokodile, Raubfische, ein Exemplar des berühmten Urvogels Archaeopteryx und vor allem die bis dahin unbekannte Urvogel-Art Alcmonavis poeschli.

Natürlich muss man kein Experte sein, um auf die Suche zu gehen. Hammer und Meißel werden einfach an der Kioskkasse ausgeliehen, dazu gibt es Ratschläge zur Suche vom Personal oder vom Chef persönlich. Mehrere Tafeln auf dem Gelände informieren darüber, an was man da eigentlich herumklopft: Tatsächlich ist der Steinbruch Teil einer Lagune des warmen Jurameers, das einst den Naturpark Altmühltal bedeckte. Starben seine Lebewesen, sanken sie auf den Grund des Meeres und wurden schichtweise vom Schlamm bedeckt, der im Laufe der Jahrmillionen versteinerte.

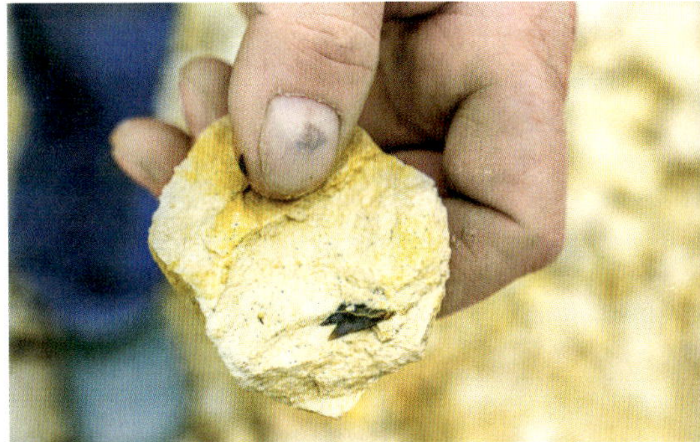

In den Gesteinsschichten werden Ammoniten aller Größen gefunden, genauso aber Fische aus dem Jurameer oder ein fossilier Haifischzahn.

Apropos Schlamm: Dreckig wird man auf jeden Fall, beim Klopfen überzieht einen je nach Wetter eine zarte Staubschicht oder eine veritable Schlammkruste – aber sich mal wieder so richtig »einzusauen«, macht mächtig Spaß.

Also Meißel angesetzt und losgehämmert, bis sich Schicht für Schicht wie zarter Blätterteig löst. Es dauert meist nicht lange, bis das erste Fossil sich zeigt. Ist es ein Tintenfisch? Ein zartes Pflänzchen? Oder doch nur versteinerte Haifisch-Kacke? Wenn sich im Stein etwas Schneckenartiges abzeichnet, ist es garantiert ein Ammonit, womit man dann auch das Wahrzeichen des Naturparks Altmühltal in Händen hält. Aber Achtung: Fossiliensuchen hat Suchtpotenzial! Also ab und zu den Blick vom Boden heben und die wunderbare Aussicht ins Gailach- und ins Altmühltal genießen, die sich von hier oben bietet.

FAZIT: MIT HAMMER UND MEIßEL GEHT'S IM STEINBRUCH AUF SCHATZSUCHE. DIE FUNDE DÜRFEN – WENN SIE NICHT VON BESONDEREM WERT FÜR DIE WISSENSCHAFT SIND – ALS ANDENKEN MIT NACH HAUSE.

Hin & weg: Parken am Besuchersteinbruch zwischen dem Mörnsheimer Ortsteil Mühlheim und Tagmersheim.

Beste Zeit: Von Ende März bis Anfang November zu den Öffnungszeiten des Steinbruchs. Vorteil im Frühling: Im Bruch ist es noch nicht so heiß und viele Platten lassen sich durch den Frost im Winter noch leichter trennen (www.besuchersteinbruch.de).

Dauer: 1–2 Std.

Ausrüstung: Zeitungspapier für die Funde, Kleidung, die richtig dreckig werden darf, eventuell Arbeitshandschuhe, Wechselkleidung und -schuhe, Geld für Eintritt und Werkzeugverleih.

WILDE AUSZEIT IM NATURWALD

... auf dem Jägersteig Dollnstein

Lang ist er ja nicht, der Jägersteig im Urdonautal zwischen Dollnstein und Konstein. Aber er hat es in sich! Das kräftezehrende Felskraxeln und Wurzelwandern lohnt sich: Der Steig führt durch ein herrliches Naturwaldreservat samt dramatischer Felskulisse.

#Felsenbeißer #Drahtseilakt #kurzaberknackig #Buchensollstdusuchen

→ ABSTECHER

Ob wilde Orchideen oder schmale Durchgänge im Fels: Auf dem Jägersteig haben die Wandernden jede Menge Natur im Visier.

Ist der Jägersteig nun ein anspruchsvoller Wanderweg oder doch schon ein Klettersteig? Für versierte Kletterer fällt er wohl in die erste Kategorie, schließlich dürfen Seil und Karabiner zu Hause bleiben. Ihn einfach nur als Wanderweg zu bezeichnen, wird ihm aber auch nicht gerecht, denn er fordert als fast schon alpiner Höhenweg Trittsicherheit und Kondition. Am Anfang gibt er sich allerdings noch ganz zahm. Vom Parkplatz am Groppenhofer Weiher aus geht's den Talweg entlang, der eben am Rand des Urdonautals entlang führt. Nasse Füße braucht niemand fürchten, denn die Wassermassen der Urdonau haben sich schon vor rund 80 000 Jahren einen anderen Weg gesucht. Geblieben ist ihr trocken gefallenes Tal, das zu den landschaftlichen »Filetstücken« im Naturpark Altmühltal zählt.

Der Jägersteig bietet nicht nur mächtige Gesteinsformationen, sondern am Sommerfelsen auch einen weiten Blick ins Urdonautal.

Dass es hier so schön ist, liegt auch am Naturwaldreservat Beixenhart – und genau dieses ist das »Revier« des Jägersteigs. Nach rund 400 Metern zweigt er vom Talweg ab und erklimmt den Hang: vorbei an den ersten beeindruckenden Felsen sowie mächtigen Buchen und Eichen. Damit sich dieser Wald wieder in einen richtigen Urwald verwandeln kann, wird im Beixenhart jegliche Nutzung unterlassen. Das heißt, auch abgestorbene oder vom Sturm umgestürzte Bäume werden liegen gelassen. Die Jägersteigler freut's: Sie dürfen nicht nur ab und zu über Baumstämme kraxeln, sondern sich auch am grünen Farbenspiel des Blätterdachs sowie den in Hülle und Fülle am Boden wachsenden Walderdbeeren und wilden Orchideen erfreuen.

Zwar kommt man auf dem ersten Stück des Jägersteigs gut ins Schwitzen, aber noch wandert es sich recht problemlos. Nach etwa einem Drittel besteht die einzige Möglichkeit

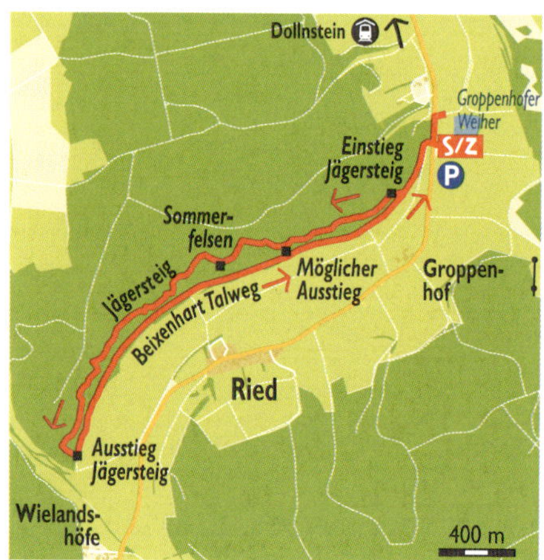

Hin & weg: Parkplatz am Groppenhofer Weiher zwischen Dollnstein und Konstein. Keine direkte ÖPNV-Verbindung zum Einstieg: Vom Bahnhof Dollnstein sind es über die Wellheimer Straße bzw. über Gänsbuck und Moosgraben ca. zusätzliche 2,2 km bis zum Beginn.

Beste Zeit: Von Frühjahr bis Herbst, im Frühjahr ist das frische Grün im Wald besonders schön; Achtung: auf keinen Fall bei feuchter Witterung oder bei rutschigem Boden begehen (Rutsch- und Absturzgefahr) – nach Regen warten, bis der Boden gut abgetrocknet ist; für jüngere Kinder und kleinere Hunde nicht geeignet.

Dauer & Strecke: 3,5–4 Std. für 6,4 km

Ausrüstung: Gute Wanderschuhe, Wanderstöcke, Trittsicherheit, ausreichend Getränke.

Steige, Treppchen und Pfade direkt am Fels gehören zum Jägersteig dazu. Zwischendurch wird's richtig tricky, aber über schwierige Stellen helfen Seile.

zum Zwischenabstieg. Wer hier bereits merkt, dass der Pfad doch zu rutschig ist oder die eigenen Kräfte übersteigt, sollte ehrlich zu sich sein und absteigen – nicht umsonst finden sich unterwegs immer wieder Standort-Markierungen für die Bergwacht.

Für diejenigen, die weitergehen, beginnt nun ein »wilder Ritt«: Im stetigen und steilen Auf und Ab zwängt sich der Jägersteig durch Felsen, schlängelt sich am Abgrund entlang, passiert mächtige Felswände und gibt zwischendurch immer wieder Blicke ins Urdonautal frei. Und sollten die Beine mal zu kurz sein, um würdevoll die Höhenunterschiede der Felsstufen am Pfad zu bezwingen: Der Jägersteig ist ideal, um die eigene Technik im »Felsrutschen« zu perfektionieren. Außerdem helfen Stahlseile und Holzgeländer über besonders knifflige und steile Stellen.

Die Naturkulisse unterwegs ist auf jeden Fall beeindruckend und man darf – nachdem das Felsentor Beixenstein durchquert ist und der Ausstieg des Jägersteigs folgt – durchaus stolz auf sich sein. Der anschließende Rückweg gestaltet sich tiefenentspannt: Auf dem Talweg spaziert es sich gemütlich am Waldrand entlang zurück zum Parkplatz.

FAZIT: EINER DER SCHÖNSTEN, ABER AUCH ANSPRUCHSVOLLSTEN WANDERWEGE IM NATURPARK ALTMÜHLTAL – PERFEKT FÜR ALPINES WANDERN OHNE ALPEN.

STADTAPOTHEKE

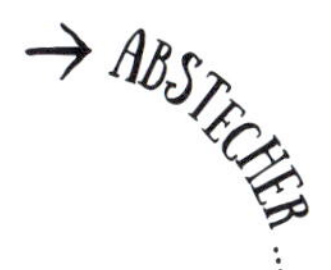

SPRACHMIX AM KRATER

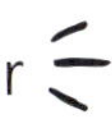

… auf der Monheimer Lauschtour

#7

Der Naturpark Altmühltal liegt im Herzen Bayerns. Also sprechen alle Bairisch. Klingt logisch, ist aber nicht so. Das zeigt die Monheimer Lauschtour, bei der Stadtführer, Geologin oder Kunstexperte in gleich drei Dialekten die große Geschichte der kleinen Stadt erzählen.

#fremdeZungen #AsteroidimJurabrunnen #hiergibtswasaufdieOhren

Die Monheimer Stadtpfarrkirche gehörte früher zu einem Kloster, das bereits 870 gegründet wurde und sich zu einem bedeutenden Wallfahrtsort entwickelte.

»Griaß di, herzlich willkommen in Moha« klingt zum Beispiel die schwäbische Begrüßung am Rathaus, wo die altbairisch-fränkisch-schwäbische Lauschtour ihren Anfang nimmt. Keine Sorge, auch wer kein *native speaker* ist, versteht die gut gemachten Hörkapitel bestens. Gleich zu Beginn erfährt man zum Beispiel mehr über die jüdischen Familien Monheims und was die Stuckdecken des Rathauses damit zu tun haben.

Über den Marktplatz und den Jurabrunnen schlendert man zum oberen Stadttor. Wer da genau hinschaut, entdeckt in den Mauersteinen dunkle Flecken. Diese »Glasbomben« erinnern an eine unvorstellbare Katastrophe: Vor 15 Millionen Jahren schlug nur ein paar Kilometer von Monheim entfernt ein gigantischer Asteroid mit der Wucht von mehr als 100 000 Atombomben auf der Erde ein. Der Asteroid verdampfte, doch der Rieskrater ist als sein Erbe bis heute deutlich sichtbar, was bei einem Durchmesser von 25 Kilometern auch nicht verwundert.

Monheim liegt am Rand der Auswurfmassen des Kraters. Allerdings hat der Stern im Stadtwappen, das ebenfalls am Tor zu sehen ist, nichts mit dieser galaktischen Katastrophe zu tun. Er ist ein altes Symbol für die Brauerzunft. In der Stadt gab es früher jede Menge Brauereien und Gasthäuser, denn Monheim war eine wichtige Station auf der Handelsroute zwischen Nürnberg und Augsburg.

Danach heißt es auf altbairisch: »Mir geh ma jetzt in Kircha eini!« – gemeint ist die Pfarrkirche St. Walburga als einst bedeutender Wallfahrtsort. Dort klärt der Audioguide unter anderem die Frage, warum Reliquien-Schauen die Top-Events des Mittelalters waren.

Über das Kreuztor führt die Lauschtour aus der Altstadt hinaus zur Infostelle des Geoparks Ries und zu einer Station namens Luthers

---

Hin & weg: Nächster Bahnhof in Otting-Weilheim; verschiedene Buslinien und Rufbus nach Monheim; Parken am Parkplatz Jahnstraße.

Beste Zeit: Im Sommer, dann lässt sich der Abstecher super mit Biergarten oder Eiscafé verbinden.

Dauer & Strecke: Ca. 1 Std. für 1,2 km (mit Hörstationen).

Ausrüstung: Smartphone, App Bayerisch-Schwaben-Lauschtour (kostenlos).

Mit der Monheimer Lauschtour hat man das Ohr ganz nah an der Stadtgeschichte und erfährt so auch mehr über das Rathaus, das früher als Wohnhaus, Schule oder Kindergarten diente.

Raststätte. Tatsächlich hat der große Reformator in Monheim übernachtet, nachdem er Hals über Kopf aus Augsburg fliehen musste.

Für den nächsten Lauschpunkt an der Peterskapelle geht es kurz stark bergauf. Sie ist zwar die letzte Station der Tour, führt aber zurück in die Anfänge Monheims. Was daraus entstanden ist, zeigt der Blick auf die Stadt. Hier oben wird schließlich auch erklärt, warum die Monheimer in einer Mischung aus gleich drei Dialekten reden.

Bei der Frage nach einer kleinen Stärkung im Anschluss spricht Monheim aber eine Sprache: Also ab ins (Eis-)Café, zu einem Snack am Marktplatz oder in den Biergarten direkt hinter dem Rathaus, bevor es auf Fränkisch heißt »Ade!« – kurz und knapp für »Auf Wiedersehen«.

FAZIT: EIN KURZER TRIP IN DIE STADTGESCHICHTE, SYMPATHISCH UND AUTHENTISCH VERMITTELT.

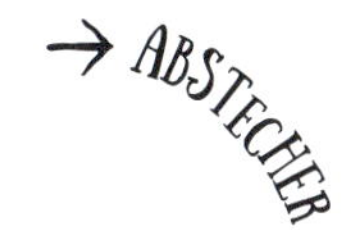

VON DER SONNE WACH-GEKÜSST

... auf dem Dollnsteiner Rossrücken

Das Glück der Erde liegt auf dem Rücken der Pferde – oder in diesem Fall auf dem Dollnsteiner Rossrücken: Über diesen führt der Wanderweg Nr. 0, auf dem man frühmorgens der Sonne entgegenwandert und mit Vogelgezwitscher und Kräuterduft in einen herrlichen Sommertag startet.

#earlybird #FrühstückimGrünen #Kickstart #Traummorgen #wildeKräuter

Langschläfer müssen jetzt stark sein, denn diese Eskapade startet noch vor Sonnenaufgang! Eine Tour über den Dollnsteiner Rossrücken steht auf dem Plan und damit ein Weg, der wie geschaffen ist für eine sommerliche Guten-Morgen-Runde.

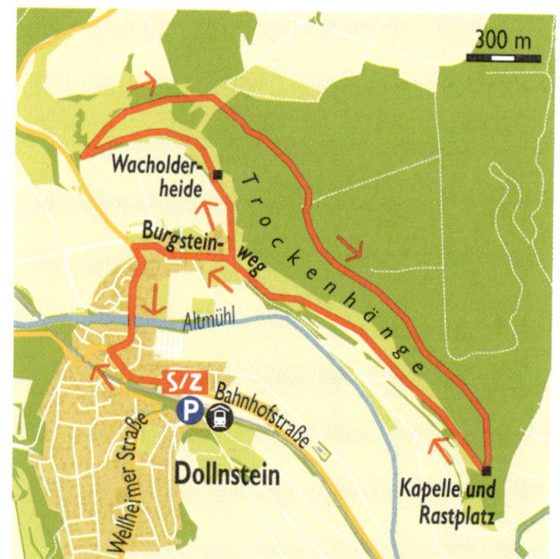

Zum Warmlaufen geht es vom Bahnhof Dollnstein in Richtung Ortskern. Während die meisten Dollnsteiner noch selig schlummern, sagen die Frühstarter der Altmühl »guten Morgen« und spazieren durch den Torturm der mittelalterlichen Wehrmauer in den Burg-

---

Hin & weg: Bahnhof Dollnstein; die ersten Züge erreichen Dollnstein bereits vor 5 Uhr; Parken am Bahnhof.

Beste Zeit: Am schönsten frühmorgens im Sommer.

Dauer & Strecke: Ca. 2,5 Std. für 7,6 km (ohne Frühstückspause).

Ausrüstung: Wanderschuhe, Frühstück im Rucksack.

Mond, Morgenröte, Magerrasen: Die Frühstarter-Tour auf dem Dollnsteiner Roßrücken bringt all das zusammen.

steinweg. Hinter den Tennisplätzen werden sie schon nach wenigen Metern von einem Naturdenkmal empfangen: Der Maderfelsen ist ein stolzer Repräsentant der hell schimmernden Felsnadeln, die typisch für den Naturpark Altmühltal sind. Entstanden sind sie vor rund 140 Millionen Jahren – in einer Zeit, in der das Altmühltal vom Jurameer bedeckt war, Flugsaurier am Himmel ihre Kreise zogen und sich Fischsaurier zwischen Korallenriffen tummelten.

Der Maderfelsen war einst solch ein Riff, doch statt den Fischen ziehen nun die Wandernden an ihm vorbei. Ein schmaler Pfad führt sie am Fuße eines steilen Trockenrasens dem Sonnenaufgang entgegen. Noch hängt der Morgentau in den Wacholderbüschen. Doch sobald die Sonne an Kraft gewinnt, zeigt sich, woher die Trockenrasen ihren Namen haben: An den Hängen gibt es kaum Humus, Niederschläge versickern schnell im Untergrund und Bodentemperaturen von über 40 Grad Celsius sind im Sommer keine Seltenheit. Das macht die Trockenrasen zu einem extrem fordernden, aber auch extrem artenreichen Lebensraum. Hier sind Pflanzen und Tiere zu Hause, die sonst eher im Mittelmeergebiet oder in den Alpen zu finden sind – darunter Enziane, seltene Orchideen oder wilder Thymian.

Das duftet herrlich und lädt ein, kräftig durchzuatmen. Ein bisschen Extra-Luft schadet auch nicht, denn nun folgt die größte Steigung der Tour. Während die Sonne höher klettert, erklimmt der Weg den Rossrücken und belohnt mit dem Blick ins Tal.

Oben angekommen, biegt der Weg in den Wald ein, wo die Morgensonne helle Muster auf den weichen Waldboden malt. Danach ist es Zeit für ein Frühstück im Grünen: Den perfekten Platz dafür bietet eine Sitzgruppe an einer kleinen Kapelle. Sie bildet den Wendepunkt des Wegs, der durch Trockenrasen wieder Richtung Dollnstein führt. Nebenan erhebt sich der Burgsteinfelsen und damit ein Wahrzeichen des Naturparks Altmühltal. Schroffe Felsen, die sich über den Wandernden im Hang erheben, weisen den Weg zurück zum Maderfelsen und in den Ortskern – und damit vielleicht sogar zum zweiten Frühstück.

FAZIT: EIN WUNDERBARER WEG, UM IM SOMMER AKTIV IN DEN TAG ZU STARTEN.

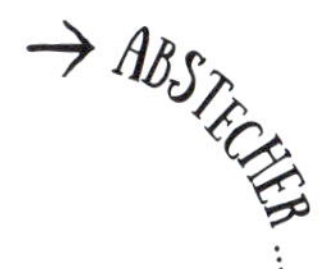

EIN SCHATTIGES PLÄTZCHEN

»Und am Ende der Straße steht ein Haus am See«, singt Peter Fox tiefenentspannt. Genau diese Stimmung stellt sich bei einem Sommertag am Hahnenkammsee ein – mit Uferspaziergang, Tretbootfahren und Abtauchen im erfrischenden Wasser.

#entspanntamStrand #BurgermitSeeblick #TretbootinSeenot

Der Hahnenkammsee ist mit seinem flachen Planschbereich genau richtig für den Erstkontakt von Kleinkind und Seewasser.

Im Norden grenzt der Naturpark Altmühltal an das Fränkische Seenland und damit an eine Ferienregion, in der das Wasser eine große Rolle spielt. Ausgerechnet hier aber war früher das wertvolle Nass rar! Damit die trockene Gegend besser mit Wasser versorgt werden konnte, wurden ab den 1970er-Jahren mehrere Stauseen angelegt.

Der Hahnenkammsee, rund 500 Meter südlich von Hechlingen zwischen den Hügeln des Hahnenkamms gelegen, ist einer von ihnen. Wer nicht weiß, dass er künstlichen Ursprungs ist, dem würde es gar nicht auffallen: So gut fügt er sich mittlerweile in die Landschaft ein.

Mit seinen 23 Hektar ist der Hahnenkammsee im Vergleich zum Altmühl- oder zum Brombachsee, die ebenfalls im Zuge der besseren Wasserversorgung als künstliche Seen entstanden, ein eher kleineres Exemplar. Für die Zwecke eines entspannten Sommertags ist diese Größe allerdings genau richtig, denn der See bietet alles, was es fürs Strandvergnügen braucht, ohne überlaufen zu sein.

Am Ufer entlang führt ein drei Kilometer langer geschotterter Rundweg, der sich auch bestens für Kinderwagen eignet. Zwischendurch werden Arme und Beine beim Kneippen erfrischt und die Augen freuen sich über die verschiedenen Blickwinkel auf den See. Das Herz des Hahnenkammsees aber schlägt am »Haus am See«: Auf der Terrasse lässt man sich Eis, Kuchen, kühle Getränke und Kaffee schmecken oder beißt herzhaft in Burger und Bratwurst. Hier befindet sich auch der Bootsverleih, also Leinen los für Ruder- oder Tretboot (auch mit elektrischer Unterstützung) und gemütlich über den See geschippert. Entweder springt man gleich vom Boot aus in den See oder watet vom Sandstrand aus ins Wasser. Dieser befindet sich ebenso wie die schattige Liegewiese direkt neben dem »Haus am See«.

Perfekt für alle, die Kinder dabeihaben: der extra flache Planschbereich mit knie- bis hüfttiefem Wasser sowie der Spielplatz. Einen Grillplatz, Duschen/Toiletten und Umkleidekabinen gibt's natürlich auch – also alles bereit für einen Tag voller Sandburgen, Luftmatratzen-Feeling und mit mindestens einem großen Eis!

Einmal Sommer mit allem, bitte: Am Hahnenkammsee chillt man im Biergarten, taucht ins kühle Nass und spaziert am Ufer entlang.

FAZIT: EIN ENTSPANNTER SOMMERTAG, PERFEKT AUCH MIT KLEINEN KINDERN.

Hin & weg: Nächster Bahnhof in Gunzenhausen, Busverbindung zur Hasenmühle in Hechlingen am See, von dort ca. 15 Minuten Fußweg zum Haus am See; Parkplatz am Hahnenkammsee.

Beste Zeit: Im Sommer.

Dauer & Strecke: Rundweg um den See ca. 1 Std. für 3 km; Aufenthalt am See nach Belieben.

Ausrüstung: Badesachen.

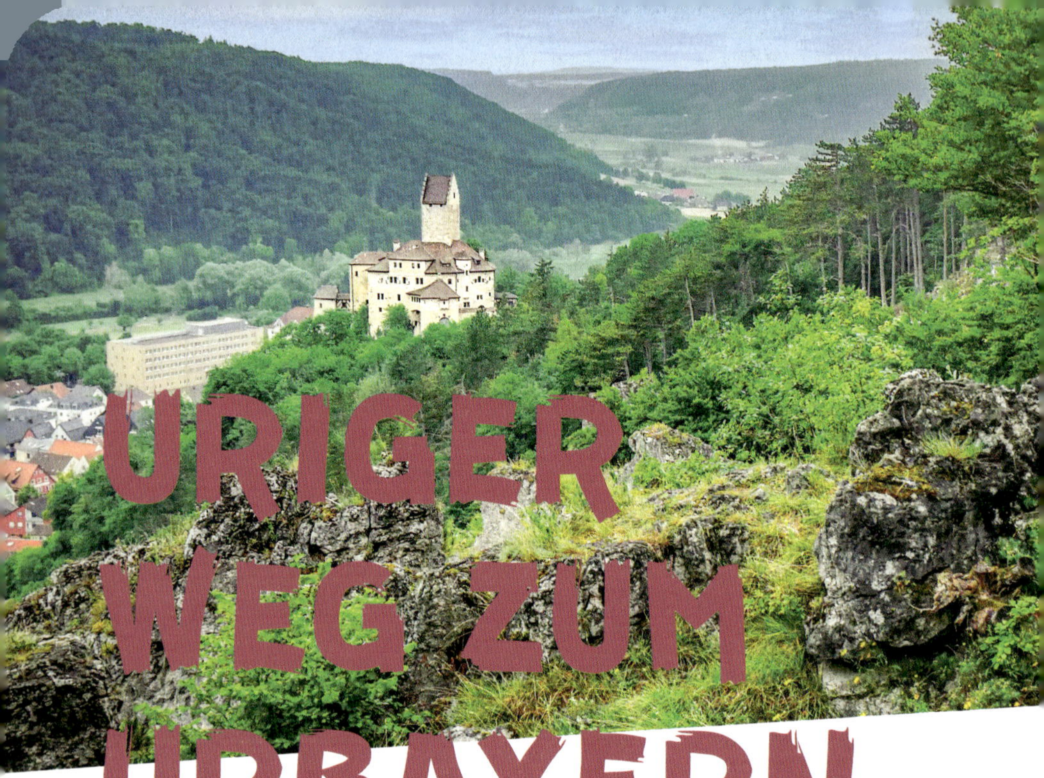

URIGER WEG ZUM URBAYERN

... auf dem Kipfenberger Kressensteig

#10

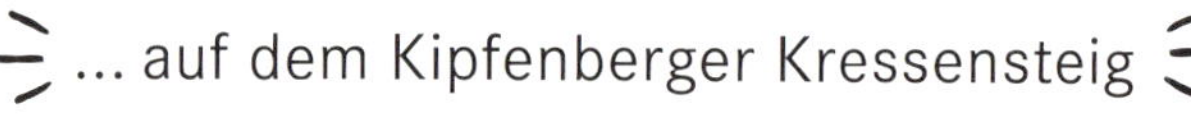

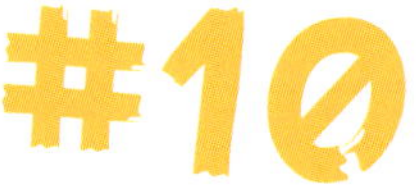

Schattiger Sommerwald, eine stattliche Burg und herrliche Ausblicke vereinen sich bei dieser kurzen Tour über Kipfenberg. Dabei wandert man im Herzen Bayerns, denn in Kipfenberg liegt auch der geografische Mittelpunkt des Freistaats.

#Schäfchenzählen #FöhrenstattKresse #BayernsMittelpunkt

Das Panorama vom Kressensteig ist auch dann herrlich, wenn das schöne Sommerwetter gerade Pause macht. Im Blick: Felsen, Wacholderheiden, viele Schäfchen und Burg Kipfenberg.

→ ABSTECHER …

Der Kressensteig startet im Kipfenberger Birktal, von wo sich ein schmaler Waldpfad den Hang hinaufschlängelt. Am Wegrand wachsen Farne und Waldblümchen, nur die Kresse sucht man hier vergebens. Der Name Kressensteig geht auf den Erbauer des Pfads zurück: Freiherr Kreß von Kreßenstein war im 19. Jahrhundert Forstmeister von Kipfenberg.

Um seinen Arbeitsplatz war der Freiherr zu beneiden, denn der Wald zeigt sich von seiner schönsten Seite. Wenn die Sonne scheint, spenden die Bäume angenehm Schatten – und auch nach einem Sommerregen, wenn der Waldboden so richtig dampft und das Grün der Bäume besonders frisch leuchtet, macht diese Tour Spaß.

Ist die Jurahöhe erreicht, wechselt die Route auf einen breiten Forstweg, doch schon kurz danach taucht ein Abstecher zur »Stifterbank« wieder unter die Bäume ab. Auf der Bank lässt es sich ein Weilchen verschnaufen und den Blick ins Wassertal genießen. Dem folgt bald der »Brandplatz«: Vom Wald führt der Weg hinauf auf die gleichnamige Hochfläche. Der Blick von hier oben ist fantastisch. Eine einsame Föhre, wie Kiefern auch genannt werden, trotzt Wind und Wetter, unten im Tal breitet sich Kipfenberg aus und auf der gegenüberliegenden Hangseite steigt eine Wacholderheide steil aus dem Tal. Mit etwas Glück ist sie mit wollig-weißen Farbtupfern geschmückt, denn auf den Heiden sind im Sommer die Wanderschäfer mit ihren Herden unterwegs.

Hin & weg: Nächster Bahnhof Eichstätt Stadt, von dort Busverbindung nach Kipfenberg. Parken am Wanderparkplatz Birktal bei Kipfenberg.

Beste Zeit: Im Sommer, wenn die Bäume voll im Saft stehen.

Dauer & Strecke: Ca. 1,5 Std. für 4 km (ohne Museumsbesuch).

Ausrüstung: Feste Schuhe, Zeit für einen Blick ins Museum.

Wenn's von den Bäumen noch tropft, passt der Blick ins Wassertal (oben rechts) genau dazu. Und sobald die Sonne wieder am Start ist, macht man sich es einfach im Museums-Biergarten auf Burg Kipfenberg bequem.

Wendet man den Blick nach rechts, zeichnet sich die Burg Kipfenberg am Himmel ab. Sie ist das nächste Ziel, das über einen schmalen, felsigen Pfad erreicht wird. An der Burg ergeben sich mehrere Möglichkeiten. Folgt man der Straße noch ein Stück bergauf, erreicht man den geografischen Mittelpunkt Bayerns, der dank einem Gedenkstein und einer Infotafel nicht zu verfehlen ist.

Zudem bietet sich der Besuch der Burg an: Im Museumscafé kann man es sich mit Kuchen oder Eis gemütlich machen und im Römer und Bajuwaren Museum, das in der Burg zu Hause ist, besucht man römische Legionäre in ihrem Wachturm oder probiert ihre Ausrüstung an. Auch dem Aufstieg der Bajuwaren in der Region widmet sich die Ausstellung. Ganz in der Nähe wurde ein aufsehenerregendes Kriegergrab aus dem 5. Jahrhundert entdeckt, das den Anfang des heutigen Bayers symbolisiert. Im Museum wurde die Grablege dieses »ersten echten Bayern« nachgebaut.

Mit so viel spannender Geschichte im Gepäck geht es danach wieder dem Tal entgegen. Über viele Kehren und Kurven erreicht man so die ersten Häuser von Kipfenberg und schon kurz darauf den Ausgangspunkt im Birktal.

FAZIT: EINE TOUR, DIE SICH ALS KURZE FEIERABENDRUNDE EIGNET UND SICH ZUM ABSTECHER IN DIE GESCHICHTE AUSBAUEN LÄSST.

Wackel-stamm und Wurzelweg

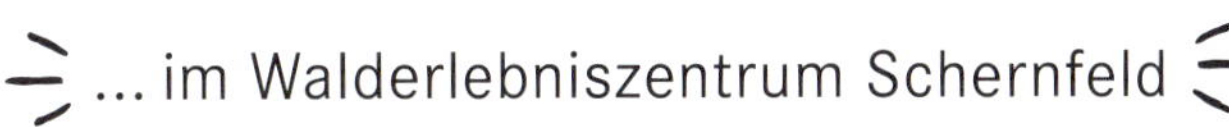

#11

Folge dem blauen Wolf! Oder doch lieber der roten Fledermaus? Auf welches Tier die Entscheidung auch fällt, im Walderlebniszentrum in Schernfeld ist die Wahl immer richtig. Sie weisen Familien den Weg durchs Grün und zu jeder Menge Spiel- und Abenteuerstationen.

#grünerSpieltrieb #aufderPirsch #aufHolzgeklopft

Ein naturnahes Abenteuer mit Kletter-, Fühl- und Spielstationen erwartet Familien im Walderlebniszentrum im Schernfelder Forst.

Das Walderlebniszentrum in Schernfeld hält, was sein Name verspricht. Mit allen Sinnen tauchen Kinder und Erwachsene in den Wald ein und begegnen unterwegs sogar Kobolden und musikalischen Bäumen. Der blaue Wolf markiert den Abenteuerpfad als längsten der drei Wege, die auf weichen Wurzelpfaden die Erlebnisstationen miteinander verbinden.

Gleich zu Beginn wartet ein absolutes Highlight – oder besser gesagt ein echter Drahtseilakt. Auf einem solchen wird nämlich über einen Tümpel balanciert. Das macht richtig Spaß, braucht aber auch etwas Geschicklichkeit. Sollte man im Wasser landen, ist das nicht schlimm. Aber es macht sich dann bezahlt, Wechselklamotten dabeizuhaben (natürlich kann man den Tümpel auch einfach umrunden).

Die Waldabenteurer nehmen danach die Fährte des blauen Wolfes wieder auf und erreichen Wackelstamm, Hangelleiter, Weidentunnel sowie den Kletterkegel am Waldrastplatz. Action in der Natur macht schließlich Hunger und der

Der Spaziergang durch den Wald regt die Fantasie an - vor allem, wenn sich zwischendurch solch ein Wurzelwicht blicken lässt.

Platz liegt so idyllisch, dass es sich richtig gut Pause machen lässt.

Frisch gestärkt lassen sich anschließend die Balancier-Aufgaben im Wackelwald viel besser bewältigen. Ein kurzes Stück weiter locken Kobolde ins Waldlabyrinth. Auch wenn einige der fantastischen Waldbewohner die Kinder in die Irre führen wollen, muss niemand Angst haben, den Ausgang nicht zu finden.

Der Klangbaum markiert vorerst das letzte Erlebniselement im Zeichen des Wolfes, denn am Schönwieselhaus übernimmt die rote Fledermaus die Führung auf dem Sinnespfad. Übrigens nicht wundern: Auch ein gelbes Kaninchen ist unterwegs anzutreffen. Es markiert einen Pfad speziell für Schulklassen. Im Gegensatz zum Abenteuerpfad ist der Weg der Fledermaus barrierefrei, also auch für Kinderwagen oder Rollstuhl geeignet. Die Fledermaus flattert zum Waldxylophon, zu Tastkästen oder zum Waldfernrohr. Wer sich traut, der zieht die Schuhe aus und macht die Augen zu, um sich entlang des Barfußpfads über weiches Moos und Wurzeln zu tasten.

Danach ist auch gleich wieder der Ausgangspunkt erreicht. Falls das Waldabenteuer noch nicht enden soll: Am Schönwieselhaus startet auch der kurze Pirschpfad, entlang dessen sich 16 charakteristische Tiere des Waldes versteckt haben.

FAZIT: KINDER UND ELTERN SPIELEN IM WALDERLEBNISZENTRUM IN UND MIT DER NATUR – EIN HERVORRAGENDER ORT FÜR EINE AKTIVE FAMILIENZEIT.

Hin & weg: Direkt zum Waldspielgelände gibt es keine ÖPNV-Verbindung, es bestehen aber Busverbindungen nach Schernfeld, von dort sind es 1,6 km bis zum Start. Parken am Walderlebniszentrum Schernfeld.

Beste Zeit: Im Sommer, im Schatten der Bäume kann man auch bei heißen Temperaturen gut unterwegs sein.

Dauer & Strecke: Etwa 1 Std. für 3,8 km reine Gehzeit; Kinder brauchen meist länger. Mit Spiel- und Abenteuerstationen, so lange man Lust hat.

Ausrüstung: Feste Freizeitschuhe, Brotzeit und Getränke, Mückenschutz, Müllbeutel (keine Mülleimer im Wald), evtl. Wechselkleidung.

ZUCKERL FÜR DIE ZEHEN

... auf dem Kleinen Barfußweg in Neumarkt in der Oberpfalz

Jede Reise beginnt mit dem ersten Schritt. Umso schöner, wenn man dafür die Schuhe auszieht und mit den Zehen durch weiches Gras streift oder die angenehme Kühle der Pflastersteine spürt. Der Kleine Barfußweg in Neumarkt in der Oberpfalz ist dafür ideal und kitzelt die Fußsohlen genauso wie die Sinne.

#untenohne #innehalten #dieWeltzudeinenFüßen #UfoimWasser

→ ABSTECHER

Unten ohne unterwegs ist man auf dem Neumarkter Barfußweg. Für die Füße gibt es hier jede Menge zu fühlen – und für die Augen wie hier im Hildegard-von-Bingen-Garten viel zu sehen.

Freilauf für die nackten Füße ermöglicht das Gelände der Landesgartenschau, die 1998 in Neumarkt stattfand. Seitdem ist der Park eine grüne Oase direkt in der Stadt. Es blüht und grünt in den Duft- und Heilkräutergärten, am alten Ludwig-Donau-Main-Kanal wird gerne flaniert und auf dem großen Spielplatz entern Kinder das Piratenschiff.

Der Kleine Barfußweg führt einmal über das komplette Gelände. Sein Verlauf wurde nicht extra mit unterschiedlichen »Untergründen« für das Barfuß-Erlebnis ausgestattet. Stattdessen setzt man die Füße auf Wege, die schon da sind, und tastet sich über Pflastersteine, Wiesen, aber auch mal über Teer oder Split. Die Broschüre zum Barfußweg bietet zudem Tipps, wie sich der Weg zur Geh-Meditation nutzen lässt.

Also auf zum Start am See-Café (www.seecafe-neumarkt.de), runter mit Socken und Schuhen und die Freiheit für die Füße genießen! Große gelbe Füße – aus Stein oder aufgemalte – dienen als Wegmarken, denen die »unten ohne«-Spaziergänger durch den Park folgen. Die Wassergärten mit ihren vielen Seerosen und anderen Wasserpflanzen sind die erste Station. Der Gitterweg zwischen den Wasserflächen stellt für empfindliche Sohlen durchaus eine Herausforderung dar. Aber wie auf dem ganzen Weg gilt: Alles kann, nichts muss. Und notfalls hat man die Schuhe im Rucksack dabei.

Vielleicht wächst ja im Arzneipflanzen-Garten, der als Nächstes auf dem Weg liegt, ein Mittel gegen zu zarte Füßchen. Eine kleine Brücke führt danach über die Schwarzach, der die Fußabdrücke bis kurz vor den Ausgang des Parks folgen. Doch davor geht es links ab und hinein in den Garten des Lebens, der unterschiedliche Strukturen am Boden und inter-

Kiesel, Wiese, flache Steine und dazwischen kühles Wasser fordern und verwöhnen die nackten Sohlen auf dem Barfußpfad.

essante Skulpturen bietet. Auf dem Krähensteg wird der Ludwig-Donau-Main-Kanal überquert. Ein bisschen geht es am Wasser entlang, dann folgt die Route einem Wiesenpfad bis zu einer Treppe. Nur nicht den etwas versteckten Durchgang in der Hecke verpassen, denn dahinter wartet eine Wiese und damit Wellness für die Füße.

Auf dem Rückweg zum Krähensteg lohnt sich noch ein Abstecher in den Hildegard-von-Bingen-Garten. Danach ist auch schon wieder das See-Café erreicht, das wie ein Ufo im Wasser liegt. Statt einer fliegenden Untertasse gönnt man sich hier allerdings lieber einen schönen Kaffee und streckt auf der Terrasse mit bester Aussicht die fleißigen Füße in die Sonne.

FAZIT: ABWECHSLUNG FÜR DIE FÜßE SOWIE EINE ERHOLSAME GARTEN-AUSZEIT FÜR DIE SINNE.

Hin & weg: Bahnhof Neumarkt, Fußweg zum Start ca. 2 km, oder mit dem Bus bis Haltestelle Altdorfer Straße. Parken am Landesgartenschaugelände in der Dr.-Kurz-Straße.

Beste Zeit: Im Sommer oder sobald es warm genug für ein Barfuß-Abenteuer ist.

Dauer & Strecke: 1 Std. für 1,8 km, mit Stationen in den Gärten und im See-Café 2 Std.

Ausrüstung: Kleines Handtuch, Rucksack für Schuhe und Strümpfe unterwegs, begleitende Broschüre (als Download unter www.innehalten-region.de > Innehalten Barfußweg).

Hopfenlehrpfad
Altmannstein
www.naturpark-altmuehltal.de

EIN DATE MIT HERKULES

… auf dem Hopfenlehrpfad Altmannstein

Ohne Hopfen wäre Bier eine ziemlich langweilige Brühe: Er sorgt für Bitterstoffe und Aromen und dient als natürliches Konservierungsmittel. Das und mehr vermittelt der Hopfenlehrpfad Altmannstein. 11 Infotafeln zwischen Hopfengärten und Sonnenblumen stillen unterwegs den Wissensdurst.

#saubereingeschenkt #Frauensache #DoldenDiva #allesimReinen

Hopfen ist eine uralte Kulturpflanze. Im August stehen seine Dolden kurz vor der Ernte.

1516 wurde in Ingolstadt, keine 30 Kilometer von Altmannstein entfernt, das Bayerische Reinheitsgebot verkündet. Seitdem kommt in die bayerischen Sudkessel nichts anderes als Wasser, Malz und Hopfen (und Hefe, aber die konnte damals noch nicht bewusst gezüchtet werden). Diese süffige Dreifaltigkeit ehren im Naturpark Altmühltal zahlreiche Brauereien, die dabei auch noch regionale Rohstoffe nutzen können. Wasser? Stammt oft aus dem brauereieigenen Brunnen! Die Braugerste fürs Malz? Wächst vor der Haustür! Und Hopfen? Der gedeiht genau da, wo diese kurze Tour verläuft, nämlich im Hopfenanbaugebiet Jura-Altmannstein. Es gehört zur Hallertau und damit zum größten zusammenhängenden Hopfenanbaugebiet der Welt.

Im August, wenn die Hopfenernte bevorsteht und die Pflanzen voller knallgrüner Dolden hängen, ist die Wanderung besonders schön. Sie startet im Altmannsteiner Ortsteil Tettenwang am HopfenErlebnisHof, auf dem auch Führungen angeboten werden (www.hopfenerlebnishof.de). Die Richtung durch die Hopfengärten weisen gelbe Wanderschilder mit einer grünen Hopfendolde. Nur die weiblichen Pflanzen tragen diese zapfenartigen Fruchtstände, die getrocknet zum Bierbrauen verwendet werden. Die männlichen Pflanzen werden sogar aus den Hopfengärten verbannt, da befruchtete Blüten weniger Bitterstoffe enthalten. Doch ein Trost für die Herren: Eine berühmte Hopfensorte, der »Hallertauer Herkules«, trägt zumindest einen männliche Namen.

Ob Männlein oder Weiblein: Der Hopfen ist eine hervorragende Kletterpflanze und wächst schnell die Drähte hinauf, die als Rankhilfe

Hopfengärten gehören rund um Altmannstein fest zum Landschaftsbild. Zwischendurch spenden knorrige Föhren Schatten.

zwischen bis zu acht Meter hohen Masten gespannt werden. Allerdings windet sich der Hopfen ausschließlich im Uhrzeigersinn nach oben – ein rechtsdrehender Herkules also.

Immer weiter geht's zwischen den Hopfengärten hindurch, von einer Infotafel zur nächsten und ins Dörfchen Laimerstadt. Auf dem zweiten Teil der Runde bringen zusätzlich gelb leuchtende Sonnenblumenfelder Farbe ins Spiel und zwischendurch ergeben sich schöne Blicke über die spätsommerliche Landschaft. Wer die Tour als Abendrunde dreht, sieht außerdem die Sonne dramatisch zwischen den Hopfenpflanzen sinken. Natürlich ist auch für den persönlichen Sundowner gesorgt, denn in Tettenwang kehrt man beim Gaulwirt ein (www.zum-gaulwirt.de) – und wer zu viel von der süffigen »Hopfenkaltschale« erwischt, kann dort auch gleich übernachten.

FAZIT: SOMMERLICHE SUNDOWNER-RUNDE MIT JEDER MENGE INFOS ÜBER EINE ÜBERRASCHENDE KULTURPFLANZE.

Hin & weg: Nächster Bahnhof ist Ingolstadt Hauptbahnhof, Busverbindung nach Tettenwang. Parken in Tettenwang gegenüber des HopfenErlebnisHofs Forster.

Beste Zeit: Im August kurz vor der Hopfenernte, sehr gut als Abendrunde.

Dauer & Strecke: Etwa 2 Std. für 7,5 km.

Ausrüstung: Schuhe für einen ausgedehnten Spaziergang, evtl. ein kühles Bier im Rucksack.

Steinbruchgebiet - Schernfeld

IM LAND DER STEIN-BRECHER

… auf der Schernfelder Schlaufe 12

#14

Bei dieser Tour geht's hinauf auf die Schernfelder Jurahochfläche, der die vielen Steinbrüche manchmal das Aussehen einer Mondlandschaft verleihen. Doch drum herum gibt's jede Menge Natur – und so manchen ehemaligen Bruch haben sich längst schon wieder Apollofalter & Co. zurückerobert.

#schönerSchutt #Mondkrater #ÄpfelchenundOrchideen #schaueinSchaf

Der Kalkstein, der im Naturpark Altmühltal abgebaut wird, ist weltbekannt. Als Baumaterial schmücken die Solnhofener Plattenkalke die Hagia Sophia in Istanbul genauso wie die Dächer der für die Region typischen Jurahäuser. Außerdem verbergen sich zwischen seinen Schichten jede Menge Fossilien. Zu sehen sind diese rund 140 Millionen alten Zeitzeugen etwa im Museum Bergér (www.museum-berger.de), das sich keine fünf Autominuten vom Startpunkt dieser Route befindet.

Dieser liegt ein Stück außerhalb von Schernfeld am Fuße des Kreuzbergs. Der Hügel ist nicht natürlichen Ursprungs, sondern eine ehemalige Abraumhalde der Steinindustrie. Viele bedrohte Tier- und Pflanzenarten wie Apollofalter, Uhu und Falke finden hier einen Ersatzlebensraum. Auch der Mensch fühlt sich wohl und das nicht nur wegen der wunderschönen Aussicht. Hier dehnt und streckt man sich an Outdoor-Fitnessgeräten oder wandelt meditativ im Steinlabyrinth.

Danach verlässt der Weg die Anhöhe und führt gemütlich zwischen Feldern hindurch. Augen offen halten, sonst ist schnell die Abzweigung übersehen, die zu einer Streuobstwiese führt. Ihre Bäume hängen im Herbst voller rotbäckiger Äpfel.

Hin & weg: Nächster Bahnhof: Eichstätt Stadt, Busverbindung nach Schernfeld (nicht sonntags). Parken am Aussichtsberg Schernfeld.

Beste Zeit: Ganzjährig, im Herbst aber besonders schön, da die Streuobstbäume voller Äpfel hängen.

Dauer & Strecke: Ca. 3 Std. für 8,7 km.

Ausrüstung: Wanderschuhe, Brotzeit, App oder Buch zur Pflanzenbestimmung.

In Schernfeld sind die Steinbrecher genauso zu Hause wie Schäferfamilien. Für Landschaftsgenuss sorgen die Streuobstwiese und der Blick von der Wacholderheide hinunter ins Altmühltal.

Zwischen Wald und Wiesen geht's weiter, vorbei an einer kleinen Kapelle, einem Wegkreuz und unterhalb des Schernfelder Neubaugebiets. An der Kläranlage steigt die Route bergan auf den Trockenrasenhang des Leitenbucks; der Blick hinunter ins Altmühltal ist fantastisch. Es lohnt sich aber auch, genauer hinzuschauen, denn hier wachsen botanische Schätze wie wilde Orchideen oder Bergthymian.

Trockenrasen wie der am Leitenbuck können als wertvoller Lebensraum nur erhalten bleiben, wenn sie nicht von Bäumen und Büschen überwuchert werden. Für Maschinen sind die Hänge viel zu steil, deshalb sind hier »Landschaftsschützer auf vier Beinen« im Einsatz: Die Herden des Altmühltaler Lamms ziehen von Frühjahr bis Herbst von Weide zu Weide und halten sie baumfrei. Nur den Winter verbringen sie im Stall – zum Beispiel in der Schäferei Eichhorn (www.schaeferei-eichhorn.de), an der der Weg in der Folge vorbeiführt. Die Kräuter der Trockenrasen, die die Schafe futtern, machen ihr Fleisch besonders aromatisch, also unbedingt bei Gelegenheit bei einem der örtlichen Gastronomen probieren!

Vorbei an einer Pestsäule steuert der Weg am Waldrand entlang ein aufgelassenes Steinbruchgelände an, das sich die Natur komplett zurückerobert hat. Danach geht's über die Straße und fast schnurgerade zwischen den Feldern zu einem weiteren Steinbruch. Jetzt noch ein kurzes Stück, wieder über eine Straße und schon ist der Ausgangspunkt erreicht. Vielleicht macht man es sich ja noch in der Wanderliege am Steinlabyrinth oder am Gipfelkreuz mit Brotzeittisch gemütlich.

FAZIT: GEMÜTLICHE TOUR, DIE EINEN DIE STEINBRUCHLANDSCHAFT MIT ANDEREN AUGEN SEHEN LÄSST.

GEH
wenn du es
EiLig

MYSTISCHE MOMENTE

 ... am Riedenburger Roßkopfsteig 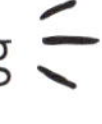

Im Herbst auf den Roßkopf hinaufzusteigen, macht den Kopf frei und füllt ihn mit eindrucksvoller Natur, mit weiten Ausblicken und der besonderen Stimmung, die hier oben herrscht – perfekt für eine Feierabendrunde.

#aufderWacht #CooldownamKühberg #EinkehrimHimmelreich

Der Roßkopf hat das Zeug zum Lieblingsplatz. Sowohl der Weg durch den Wald als auch Aussichtsplatz und Wacholderheide machen richtig Wanderspaß.

Diese Tour startet im schmucken Riedenburger Ortsteil Deising am Gasthaus Zum Himmelreich (www.gasthaus-himmelreich.de), das man sich gleich für die spätere Einkehr vormerkt. Nach den ersten Metern liegt unterhalb der Kirche die Petrusquelle am Weg. Wenn es sehr viel regnet, sprudeln über 400 Liter pro Sekunde aus der Karstquelle. Hier tränkten die Deisinger Bauern ihr Vieh, bevor sie es auf die Weiden am Kühberg trieben.

Der Kühberg spielt auch bei dieser Tour noch eine Rolle, aber erst einmal steht der Aufstieg auf den Roßkopf an. Die Wandernden könnten direkt nach der Kirche den Eselssteig nehmen, der allerdings schweißtreibend steil ist. Zum Glück gibt es eine sanftere Variante entlang des Altmühltal-Panoramawegs, der ein Stück weiter nach links in den Wald abbiegt. Gerade im Herbst zeigt sich dieser von einer märchenhaften Seite: Links und rechts des Wegs erheben sich moosbewachsene Bäume, und den Waldboden schmücken Kolonien von Pilzen.

Ist die Hochfläche erreicht, führt ein Stichweg zum Roßkopf, der sich wie die Spitze eines Dreiecks aus dem Steilhang schiebt. Weit schweift der Blick über die bunt gefärbten Bäume und über den Main-Donau-Kanal. Wenn sich dann noch ein Schwarm Krähen krächzend über dem Tal formiert, ist die mystische Stimmung perfekt. Einfach eine Weile auf der Bank Platz nehmen und die Geräusche und Gerüche des Herbstes in sich aufnehmen: Dieser Ort ist ein natürlicher Stresskiller. Die besondere Stimmung des Rosskopfs rührt auch daher, dass er eine so lange Geschichte hat. Schon die Kelten waren dort oben zugegen, außerdem zeugen ein halbkreisförmiger Graben und mehrere Wälle von einer frühmittelalterlichen Abschnittsbefestigung. Daher wird der Roßkopf manchmal auch als Hohe Wacht bezeichnet.

Danach geht es weiter durch den Wald den Altmühltal-Panoramaweg entlang bis zur Wacholderheide des Kühbergs. Mag sie auch

---

Hin & weg: Parken am Gasthaus Zum Himmelreich im Riedenburger Ortsteil Deising.

Beste Zeit: Das ganze Jahr über. Im Herbst aber wegen der Stimmung besonders schön.

Dauer & Strecke: Ca. 2 Std. für 5,8 km.

Ausrüstung: Wanderschuhe, Wanderstöcke (im Herbstwald kann es rutschig sein), Zeit für die Aussicht.

Jede Menge Schwammerl – von diesem giftigen Exemplar sollte man allerdings die Finger lassen. Viel freundlicher ist da die kleine »Showziege«.

sanft ausschauen, hier überleben nur Tiere und Pflanzen, die mit Extremen zurechtkommen: Der Boden bietet wenig Nährstoffe, im Sommer heizt er sich enorm auf und zusätzlich trocknet der Wind die Heiden aus. Viele dieser »Spezialisten« sind mittlerweile sehr selten, was die Wacholderheiden zur Rettungsinsel für bedrohte Arten macht – von wilden Orchideen bis zum Würfeldickkopffalter.

Die Route führt nun über den Kühberg, bis eine Spitzkehre den Abstieg durch den Wald einläutet. Im Tal nimmt Altmühlmünster die Wandernden in Empfang. Wer sich über die große Kirche in dem kleinen Dorf wundert: Sie gehörte einst zu einem im zwölften Jahrhundert gegründeten Templer-Kloster. Parallel zur Straße marschiert man danach auf dem Radweg Deising entgegen – und damit einer herrlichen Brotzeit im Himmelreich.

FAZIT: FEIERABENDRUNDE ZU EINEM AUSSICHTSPUNKT MIT GESCHICHTE, DER DAS ZEUG ZUM LIEBLINGSPLATZ HAT.

TEUFEL TRIFFT APOSTEL

... auf dem Rundweg Nr. 3 in Solnhofen

Diese Eskapade macht bekannt mit einem ganzen Dutzend an Altmühltal-Stars: Die Zwölf Apostel stehen wie kaum ein anderes Naturschauspiel für die Besonderheiten der Region. Scheinwerferlicht ist aber nicht nötig – damit die Felsen strahlen, braucht es nur ein bisschen Sonne.

#WeitblickmitWacholder #abtaucheninsJurameer #walkthedinosaur

Von der Teufelskanzel aus ist der Blick auf die Felsformation Zwölf Apostel hervorragend. Der Weg führt im Anschluss direkt über die Felsen.

→ Abstecher …

Trifft sich der Teufel mit den zwölf Aposteln … Was klingt wie der Anfang eines schlechten Witzes, ist das Motto dieser wunderbaren Wandertour rund um Solnhofen. Sie ist zwar relativ kurz, hält aber durchaus einige An- und Abstiege parat. Dafür machen Wandernde Bekanntschaft mit einer Felsformation, die zu den landschaftlichen Höhepunkten des Naturparks Altmühltal zählt.

Los geht es am Bahnhof in Solnhofen. Direkt gegenüber grüßt am Bürgermeister-Müller-Museum (www.museum-solnhofen.de) ein lebensgroßer Ceratosaurus, ein Raubsaurier, mit dem zu Lebzeiten sicher nicht zu spaßen war. Dieses Exemplar ist natürlich eine friedliche Nachbildung und steht für die Fossilienstars des Museums – alles Tiere, die vor rund 140 Millionen Jahren genau da unterwegs waren, wohin auch der Rundweg Nr. 3 führt. Im Winter macht das Museum allerdings Pause, deswegen wird dem Dino nur sanft die Schnauze getätschelt, dann geht es auch schon ein Stück bergan und durch den Wald.

Kaum ist man raus aus dem Wald, kommt auch schon der Teufel ins Spiel – und dafür darf man sich ein bisschen anstrengen. Steil steigt der Weg zwischen Wacholderbüschen hinauf zur Teufelskanzel, wo ein himmlischer Ausblick wartet. Auf der anderen Talseite ragen die Zwölf Apostel in den Himmel: mächtige Felsen aus hellem Dolomitgestein, die sich aus dem breiten Tal der Altmühl erheben. Die Felsen sind allerdings deutlich älter als

Ein strahlender Wintertag ist wie gemacht für diese Tour. Und damit der arme Ceratosaurus vorm Museum Solnhofen nicht friert, bekommt er einen Handschuh auf die Kralle.

der Fluss. Als einstige Korallenriffe waren sie schon hier, als das Jurameer das gesamte Altmühltal bedeckte. Rund 140 Millionen Jahre später spaziert man trockenen Fußes durch die Erdgeschichte, lässt den Teufel einen guten Mann sein und wandert weiter durch den Wald sowie hinunter zur Altmühl. Nach einer Brücke bildet das Dörfchen Eßlingen den Wendepunkt der Tour und gleichzeitig den Einstieg zu den Zwölf Aposteln.

Was nun folgt, ist pures Wanderglück. Ein steiler, schmaler Pfad führt über die Felsen und das Naturschutzgebiet, das sie umgibt. Wacholderbüsche wachsen hier, Föhren sehen mit ihren verschlungen wachsenden Ästen aus wie Gestalten aus einer anderen Welt und kleine Plateaus auf den Felsen sind perfekt, um innezuhalten. Immer im Blick: die Felsen, die Altmühl und ihr weites Tal. Perfekte Foto-Locations finden sich unzählige, nur sollte man sich auf den Felsen nicht zu weit nach vorne wagen. Es geht sehr steil nach unten, außerdem freut sich die Natur, wenn die Zweibeiner auf den Pfaden bleiben.

Nach diesem Naturschauspiel ist auch schon fast wieder Solnhofen erreicht. Vor den ersten Häusern erzählt noch ein Zeitstrahl aus Kalksteinblöcken, wie die Zwölf Apostel und die fossilienreichen Plattenkalke rund um den Ort entstanden sind. Danach geht's durch Solnhofen bergab zurück zum Ausgangspunkt am Bahnhof.

FAZIT: WEITBLICK, WACHOLDERHEIDE UND JURAMEER – EIN KURZTRIP, WIE ER SCHÖNER KAUM SEIN KANN.

Hin & weg: Bahnhof Solnhofen. Parkplätze am Ende der Bahnhofstraße.

Beste Zeit: Ganzjährig. Auch im Winter herrlich, doch nicht bei Schnee und Glätte begehen.

Dauer & Strecke: Ca. 2 Std. für 6 km.

Ausrüstung: Wanderstöcke, feste Schuhe, Kamera.

HENKER, HEXEN, HOCHGEFÜHLE

... auf dem Eichstätter Wanderweg Nr. 6

#17

Dieses seltsam anmutende Trio geht gut zusammen, das beweist der Eichstätter Wanderweg Nr. 6. Auf historischen Pfaden führt er auf den Galgenberg und somit mitten hinein in die Geschichte der Bischofsstadt.

Hier lohnt es sich, genauer hinzuschauen: In der Wand der Bruder-Klaus-Kapelle ist das Wort „Friede“ in vielen Sprachen zu finden. Und auch der Weitblick über die Stadt lässt nicht lange auf sich warten.

→ ABSTECHER ...

Geschichte kann manchmal recht schwer verdaulich sein. Aber wenn man sie sich wie bei dieser leichten Tour rund um Eichstätt erwandert, wird sie zum Genuss. Gleich zum Auftakt serviert der Wanderweg Nr. 6 deshalb mit dem Informationszentrum Naturpark Altmühltal einen verspielt-barocken Höhepunkt. Sein Zuhause ist das ehemalige Kloster Notre Dame mit seiner herrlichen Kuppelhalle: Wie ein Himmel aus weißem und rosa Stuck breitet sich die gewölbte Decke über den Köpfen der Gäste aus.

Danach strebt die Tour dem echten Himmel entgegen: steil hinauf auf den Schießstättberg, durch die Papst-Victor-Straße sowie bergan durch den Wald zu einer Lichtung samt Panoramablick auf die Stadt. Immer weiter geht’s im Wald bergan, inklusive eines kurzen Abstechers zur Bruder-Klaus-Kapelle:

Jedes Jahr wird das Wort Friede anlässlich des Shalom-Preises der Eichstätter Uni in die Mauern der Kapelle gemeißelt, übersetzt in die Sprache des jeweiligen Preisträgers.

An der Hangkante führt die Tour danach gemütlich durch den Stadtteil Seidlkreuz und weiter talwärts, bis sie fast wieder ihren Startpunkt erreicht hat. Das Ende der Route ist aber noch nicht in Sicht und es geht weiter in die Rot-Kreuz-Gasse. An deren Ende duckt sich das kleine weiß-rote Häuschen des Jurahaus-Museums unter einem tonnenschweren Dach aus losen Kalkplatten: Diese historischen Jurahäuser gibt's nur im Naturpark Altmühltal und ihr Erhalt zählt zum immateriellen Welterbe der UNESCO.

Das nächste Wegstück fordert die Wadenmuskulatur: Steil steigt die Route im Wald an bis zu den Trockenrasen am Galgenberg. Diesen Namen trägt er nicht ohne Grund: An der Henkerskapelle verrichteten die Delinquenten ihr letztes Gebet, bevor sie kurz darauf an der Eichstätter Richtstätte ihr Leben ließen: durch Hängen, Rädern oder Köpfen. Im 17. Jahrhundert waren die Eichstätter Fürstbischöfe außerdem fanatische Hexenjäger: Deshalb findet sich am Richtplatz ein Mahnmal zum Gedenken an die Opfer der Hexenverbrennung.

Auf dieser Tour liegen traurige Geschichte und Wanderglück nah beieinander. Deshalb macht man es sich auf einer hölzernen Wanderliege gemütlich, bevor das letzte Stück auf dem Neuen Weg in Angriff genommen wird. Beim Abstieg öffnen sich wunderbare Panoramen auf die Altmühl-Stadt, bei denen man nicht nur die Stadtmauer und so

Der Wanderweg Nr. 6 bringt ganz schön viel unter einen Hut. Er führt vorbei an den typischen Steindächern der Jurahäuser oder dem Hexenmahnmal und gibt einen Eindruck vom Eichstätter Barockensemble.

manches Jurahaus-Dach erspäht, sondern sogar den Schwestern der Abtei St. Walburg in den Klostergarten blickt.

Über die Straße Am Graben kommen die Wandernden zurück zum Ausgangspunkt. Wem jetzt die Füße heiß geworden sind: Am Graben lockt (im Sommer) das kühle Nass des Wasserspielplatzes. Und auch zum Aufwärmen ist es nicht weit, denn die Eichstätter Gastronomie ist nur einen Steinwurf entfernt.

Hin & weg: Bahnhof Eichstätt Stadt; Parken am Waisenhaus- oder am Freiwasserparkplatz.

Beste Zeit: Eine Tour fürs ganze Jahr, die auch im Winter gut zu gehen ist – nur bei Schneelage und Eis nicht zu empfehlen.

Dauer & Strecke: 3 Std. für 7,3 km.

Ausrüstung: Feste Schuhe und Wanderstöcke.

FAZIT: HÖHEN UND TIEFEN DER EICHSTÄTTER GESCHICHTE MIT BESTEM PANORAMABLICK.

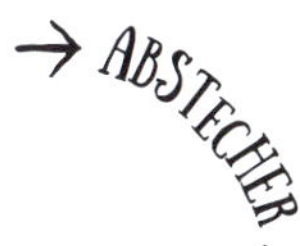

WASSER-BURG UND TIEFE BRUNNEN

#18

Für einen gemütlichen Winterabstecher ist man rund um Nassenfels perfekt aufgehoben. Fast durchgängig eben und auf befestigten Wegen schlängelt sich der Weg durchs Tal der Schutter, weshalb auch Kinderwagen oder Laufräder problemlos mit auf Tour gehen können.

#MüllersLust #GrüßeausdemMittelalter #Eiszeithexen

Los geht's im Nassenfelser Ortsteil Wolkertshofen am Gasthaus Stark (www.gasthaus-stark.de), das mit seiner feinen regionalen Küche auch zu den kulinarischen Höhepunkten im Naturpark Altmühltal zählt. Es bietet sich an, vor der Tour hier genüsslich zu Mittag zu essen oder sich einen Tisch für später zu reservieren.

Auch wenn ein paar Tröpfchen aus dem Winterhimmel fallen und die Kälte für rote Nasen sorgt, lässt es sich auf der Mühlenrunde gut wandern – etwa vorbei an der Wolkertshofener Mühle oder der Burg Nassenfels.

Schnell ist das Dorf durchquert und die Wolkertshofener Mühle erreicht – samt großem Wasserrad und Bio-Hofladen. Auf dem Mühlengelände überquert der Weg auch zum ersten Mal die Schutter, die früher über 20 Mühlen antrieb. Einige bestehen, zumindest dem Namen nach, bis heute und standen Pate für die Route.

Vorbei an der Oberhaidmühle strebt man Egweil entgegen. Am Horizont zeichnen sich bereits die Umrisse der imposanten Burg Nassenfels ab. Die einstige Wasserburg stammt zu großen Teilen aus dem Mittelalter. Ritter tummelten sich hier allerdings nicht: Sie gehörte über Jahrhunderte den Eichstätter Fürstbischöfen. Die Ringmauern, drei Mauertürme und der 37 Meter hohe Bergfried haben die Zeiten überdauert – und wer genau hinsieht, entdeckt ganz oben auch ein Storchennest.

Die Burg bzw. die Jurahäuschen im Burgareal sind heute noch bewohnt oder können als Ferienhaus gemietet werden, weshalb das Innere der Burg nicht öffentlich zugänglich ist. Stattdessen macht man es sich gegenüber dem Burgtor im Schutterhäusl für eine kleine Pause gemütlich. An den Wänden dieses überdachten Rastplatzes sind Infotafeln angebracht, die über die Geschichte der Burg und des Schuttertals informieren. Für Kinder gibt's zudem was auf die Ohren: Eine Hörstation (über QR-Code) macht sie mit dem mittelalterlichen Leben auf der Burg und mit ihren fürstbischöflichen Herren bekannt.

Noch kurz vorbei an der Nassenfelser Pfarrkirche und dann schnurstracks über freies Feld auf Wolkertshofen zu. Etwa 150 Meter vor dem Ort zweigt ein unscheinbarer Pfad in Richtung eines kleinen Auwäldchens ab. Diesen Abstecher sollte man sich nicht entgehen lassen, denn zwischen den Bäumen verstecken sich die Gleßbrunnen: Fünf miteinander verbundene, bis zu neun Meter tiefe Quelltöpfe. Im Jurakarst versickertes Regenwasser steigt an den Gleßbrunnen durch Spalten auf und durchbricht mit hohem Druck die sonst undurchlässige Deckschicht.

Im moorigen Gelände rund um die Quellen fühlen sich seltene Pflanzen und Vogelarten wohl. Vielleicht lässt sich auch eine Wasserhexe blicken: Diese seltene Art von Wasserläufern ist ein Relikt der Eiszeit und sonst nur noch in einigen Gebirgsseen zu finden. Ist Wolkertshofen erreicht, bietet die Runde für Kinder einen schönen Abschluss: Auf sie wartet ein Spielplatz samt hölzerner Wassermühle zum Klettern und Balancieren.

FAZIT: EINE GEMÜTLICHE RUNDE, DIE AUCH MIT JÜNGEREN KINDERN BESTENS MACHBAR IST.

Hin & weg: Nächster Bahnhof in Adelschlag, Busverbindung nach Wolkertshofen (nicht sonntags). Parken am Gasthof Stark in Wolkertshofen.

Beste Zeit: Eine Runde für jede Jahreszeit und (fast) jedes Wetter.

Dauer & Strecke: Ca. 2,5 Std für 8 km.

Ausrüstung: Normale Freizeitkleidung und bequeme Schuhe sind ausreichend.

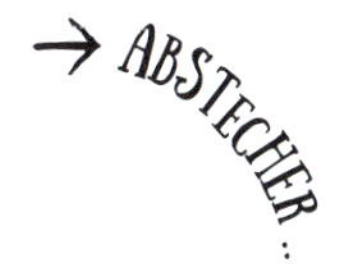

GRENZ-ERFAHRUNG IM SCHNEE

... auf dem Römererlebnispfad Burgsalach

#19

Man mag sich gar nicht vorstellen, wie sehr die Römer vor rund 2000 Jahren froren, als sie im Winter den Limes bewachen mussten. Warm eingepackt folgt man bei Burgsalach ihren Spuren durch die verschneite Winterlandschaft.

#nächsteAusfahrtRaetien #BoxenstoppamLimes #vomWindeverweht

Auf der einen Seite das römische Reich, auf der anderen Seite Barbaricum, dazwischen der Limes: Der Römererlebnispfad ist eine entspannte Grenzerfahrung.

Eines muss man den Römern lassen: Sie waren hervorragende Straßenbauer. Schnurgerade zogen sie den Verlauf ihrer Verbindungswege – und das nicht nur im warmen Rom, sondern auch in ihren weit entfernten Provinzen. In genau solch einer Provinz lag ein großer Teil des Naturparks Altmühltal, weshalb hier auch der Obergermanisch-Raetische Limes verläuft. Mit diesem Grenzwall, der heute zum UNESCO-Welterbe zählt, und einem ausgeklügelten System von Wachtürmen sowie zahlreichen Kastellen schützten die Römer sich vor den »wilden« Bewohnern des Barbaricums.

Deshalb begrüßt am Start des Burgsalacher Erlebnispfads auch der »Grenzübergang« zwischen Raetien und Barbaricum die Reisenden – inklusive vieler Infos zum Weg und der Bekanntschaft mit Pulex: So heißt der schlaueste Floh am Limes, der sich in den blonden Mähnen der Germanen ebenso verfing wie in den Frisuren der Römer. Deshalb weiß er bestens Bescheid über das Leben vor rund 2000 Jahren. Er begleitet den Weg auf den Wanderschildern und ist auch immer wieder an den kindgerechten Erlebnisstationen anzutreffen.

Hin & weg: Nächster Bahnhof: Weißenburg, Busverbindung nach Burgsalach Mitte (nicht sonntags). Parken am Start des Erlebnispfads.

Beste Zeit: Im Winter bei Schnee besonders eindrucksvoll.

Dauer & Strecke: 1,5 Std für 6,4 km.

Ausrüstung: Warme und winddichte Kleidung, heißer Tee.

Die Kugel muss ins Kastell: Interaktive Stationen gehören zum Weg dazu – genauso wie Historiker mit Sinn für Humor.

Der gesamte Römererlebnisweg hat eine Länge von 14 Kilometern, lässt sich aber problemlos in zwei kürzere Routen aufteilen. Da auf der Jurahochfläche der Winterwind gerne kräftig weht, ist man dankbar über eine kürzere Tour. In diesem Fall fällt die Wahl auf die knapp sechs Kilometer lange Variante. Zunächst gehts schnurgerade an der Limeshecke entlang, die den Verlauf der einstigen Grenze markiert, und auf einen nachgebauten Holzwachturm zu. Wie wäre es mit einem Blick durch ein Guckloch der Geschichte oder eine Runde Kastell-Flipper?

Floh Pulex führt weiter durch den verschneiten Winterwald bis zur Römerstraße. Interaktive Stationsmodule nehmen mit auf die gleiche Reise, die vor rund 2000 Jahren römische Soldaten ebenso unternahmen wie Händler, die Wein aus dem heutigen Italien, Luxusgeschirr aus Gallien oder Austern aus dem Atlantik im Gepäck hatten. Am schnellsten unterwegs waren die Eilboten, die zu Pferd an einem Tag bis zu 180 Kilometer zurücklegten. Auf freiem Feld begegnen die Wandernden solch einem römischen Reiter, dessen Cortenstahl-Konturen sich scharf gegen den Winterhimmel abzeichnen. Zu bewältigen war solch eine Strecke nur, wenn die Reiter oft genug ihr Pferd tauschen konnten. Deshalb weist im Wald ein »Autobahnschild« den Weg zur nächsten »Pferdetankstelle« – und den Wandernden den Weg zurück zum Ausgangspunkt.

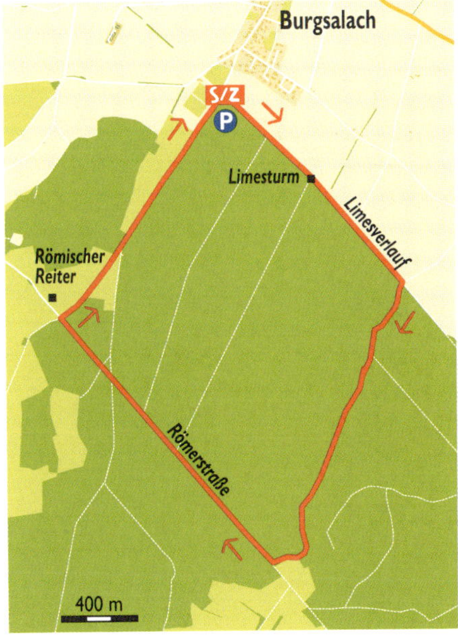

FAZIT: EIN FAMILIENGERECHTER WINTERAUSFLUG AUF DER RÖMISCHEN »AUTOBAHN« ÜBER HISTORISCHE GRENZEN.

SCHNEE-WALZER

Mit acht Kilometern ist dieser Abstecher nach Neuburg an der Donau perfekt für eine kleine aktive Auszeit. Verzaubert vom Schnee ist sie besonders schön – und ein kleiner Abstecher führt zu einer verwunschenen Burgruine.

#Winterrunde #Eisprinzessin #warmeingepackt #aufwärmeninderRenaissance

→ ABSTECHER …

Auf der Route »Rund um die Donau« sind alle unterwegs, die es im Winter nach draußen zieht. Hier wird gewandert, gejoggt, gewalkt oder einfach nur der Hund Gassi geführt. Der Weg ist aber auch zu schön: Er ist eben, auch bei Schnee gut zu gehen und bietet neben verträumten Auwäldern perfekte Donaublicke und Renaissance-Flair. Wer will, baut noch einen Ausflug zur Alten Burg ein. Der ist zwar steil, dafür ist es dort oben (meist) herrlich einsam.

Start ist mitten in der Stadt an der Elisenbrücke. Nur ein paar Stufen, und schon ist der Fluss erreicht. Während es den Donauradwegdamm entlanggeht, genießt man den Blick auf die Gebäude, die hoch über dem anderen Ufer thronen. Schloss und Hofkirche, Provinzialbibliothek und die Kirche St. Peter geben ein eindrucksvolles Ensemble ab, das von Neuburgs Zeit als Zentrum des Fürstentums Pfalz-Neuburg erzählt.

Sobald die fürstlichen Bauten aus dem Blickfeld verschwinden, taucht der Weg in den Wald ein. Die mit Schnee beladenen Zweige der Bäume geben immer wieder Blicke auf die Donau frei, auf der selbst bei Minustemperaturen noch ein paar »unverfrorene« Kanuten unterwegs sind. Den Wendepunkt der Route

markiert die Staustufe Bittenbrunn, an der die Donau überquert wird.

Gleich danach lässt sich die Tour mit einem Höhepunkt garnieren, und das ist durchaus wörtlich zu nehmen: Ein schmaler Pfad schlängelt sich den Berg hinauf. Ist die Runde auch sonst bestens ausgebaut, auf dem steilen Wegstück ist auf jeden Fall Trittsicherheit nötig. Oben im Wald verstecken sich die Ruinen der Alten Burg, die aus dem 10. Jahrhundert stammt. Mit ihren Durchgängen und Fensterchen würden sie sich auch bestens als Szenerie für ein Mittelalter-Fantasy-Spiel eignen.

Wieder sicher im Tal angekommen, geht's der Stadt entgegen. Unten der Fluss, über einem Bäume und Felsen und dazwischen der Weg: So lässt es sich gemütlich durch den Winter stapfen. Kurz vor der Elisenbrücke finden sich die Wandernden übrigens in der »Hölle« wieder. Keine Sorge, zwar wäre ein wärmendes Feuer jetzt ganz schön, aber Zur Hölle bezeichnet hier nur eine Altstadt-Gasse unterhalb des Schlosses. Das ist ebenfalls bald erreicht: Einfach bergan durch das Untere Tor schreiten, an der Schlosskapelle vorbei und schon steht man im Schlosshof mit sei-

---

Hin & weg: Bahnhof Neuburg (Donau). Parken an der Schlösslwiese.

Beste Zeit: Bei frischem Schnee im Winter.

Dauer & Strecke: Etwa 2,5 Std. für 8 km (mit Abstecher zur Alten Burg).

Ausrüstung: Feste Schuhe, Nordic-Walking- oder Wanderstöcke.

Ein Ritt durch die Renaissance mit Stopp im Mittelalter: Das Donauufer führt vorbei an der Neuburger »Skyline« und zur Alten Burg. Im Schlosshof hält Pfalzgraf Ottheinrich die Stellung.

nen Arkadengängen und der aufwendig bemalten Fassade. Wer sich mit Kunstgenuss aufwärmen will: Sonntags macht die Schlossführung Halt bei den Schätzen der Neuburger Pfalzgrafen.

FAZIT: AUCH WENN DIESE RUNDE BELIEBT IST, SORGEN FLUSS UND WALD FÜR ANGENEHME WINTERLICHE STILLE.

WINTER-WACHT BEI DEN RÖMERN

... im Burgstallwald Gunzenhausen

#21

Aufgepasst – Germanen im Anmarsch! So könnte es vor rund 2000 Jahren im Burgstallwald bei Gunzenhausen geklungen haben, denn mitten durch den Wald verlief der römische Limes. Bei diesem winterlichen Spaziergang ist deshalb das römische Erbe dicht gesät.

#Limesbaustelle #Teufelsmauer #Jägerlatein

ABSTECHER

Im Burgstallwald Gunzenhausen findet sich römische Geschichte zum Anfassen am nachgebauten Palisadenzaun und zum Hinsetzen auf den Resten des Kastells.

Es war schon ein riesiges Imperium, das sich die Römer in der Antike geschaffen hatten. Dementsprechend galt es, unzählige Grenzkilometer zu schützen – und das ganz ohne Radar, Funk oder Aufklärungsdrohnen. Deshalb setzten die Römer auf Masse: Sie bauten an ihrer Grenzmauer die Wachtürme so nah beieinander, dass sich die Soldaten mit Licht- und Rauchzeichen verständigen konnten.

Der Burgstallwald in Gunzenhausen ist dafür ein hervorragendes Beispiel. Mitten durch den Wald verlief der Obergermanisch-Raetische Limes, der heute zum Welterbe der UNESCO zählt. Gemütlich spaziert man unter den Eichenbäumen in die römische Geschichte und genießt dabei das Flair des mit Schnee überzuckerten und mit römischen Zeugnissen dicht bestückten Walds.

Die Stufen führen hinauf zum Bismarck-Denkmal, hinter dem sich auch gleich die Reste eines römischen Wachturms befinden.

Seinen Anfang nimmt der Spaziergang am Ende der Krackerstraße. An allen wichtigen römischen Stationen erfährt man an Infotafeln mehr über die Besonderheiten der Wachtürme am Limes, der früher auch »Teufelsmauer« genannt wurde: Im Mittelalter konnten sich die Menschen die Mauerreste nicht erklären, die sich quer durchs Land zogen und – schwupps – wurde ihre Herkunft mit einer Sage erklärt, bei der der Herr der Finsternis als Bauherr herhalten musste.

Erste Wegmarke der Runde: das Bismarck-Denkmal auf dem Schlossbuck, zu dem hölzerne Stufen hinaufführen und das zum Teil aus Steinen der Limesmauer erbaut wurde. Gegenüber befinden sich die restaurierten Grundmauern eines Limeswachturms sowie ein Zaun aus hohen Holzpfählen. Solch ein Palisadenzaun, Vorstufe des später gemauerten Limes, zog sich über den gesamten Schlossbuck.

An der Strecke liegen noch weitere Wachtürme sowie die Reste eines Kleinkastells – zu erkennen am Gedenkstein mit der Inschrift »*Castrum Romanum*«. In der Mitte der 20 auf 30 Meter großen Anlage lässt es sich gut Pause machen.

Die Hälfte der Tour ist dann auch fast schon geschafft. Auf dem Rückweg bietet sich auf der Höhe des kleinen Flugplatzes, auf dem im Sommer Segelflieger und Ultraleichtflugzeuge starten, ein Blick auf die Höhenzüge des Hahnenkamms samt Schloss Spielberg. Dann taucht der Weg wieder ein in den Wald. Die hohen Eichen, die die gesamte Route begleiten, sind bis zu 140 Jahre alt. Wohl schon im Mittelalter gab es hier einen Eichenwald, in den die Gunzenhäuser ihre Schweine schickten, damit sie sich an den Eicheln schön satt und fett fressen konnten.

Hin & weg: Bahnhof Gunzenhausen, von da 1,2 km zu Fuß oder mit dem Bus (nicht sonntags) zum Burgstallwald; wenige Parkplätze am Beginn des Weges, alternativ am Alten Friedhof oder am Waldbad am Limes.

Beste Zeit: Eine Runde für das ganze Jahr, im Winter perfekt für einen Spaziergang in der Kälte.

Dauer & Strecke: Ca. 1,5 Std. für 4,3 km (mit Lesezeit).

Ausrüstung: Warme Kleidung, feste Schuhe.

Im Burgstallwald erfährt man etwa, dass sich hier der nördlichste Punkt des raetischen Limes befindet. Dieser schlaue Fuchs allerdings gehört zum Walderlebnispfad, der teils parallel zu dieser Tour verläuft.

Die Wanderer machen kurz darauf Bekanntschaft mit Klaus, der Fledermaus: Sie begleitet die Stationen des Walderlebnispfads, der zurück zum Ausgangspunkt dieser Runde führt.

FAZIT: EIN ERHOLSAMER ABSTECHER IN DIE GESCHICHTE DURCH EINEN WUNDERBAREN EICHENWALD.

2. KAPITEL AUSFLÜGE

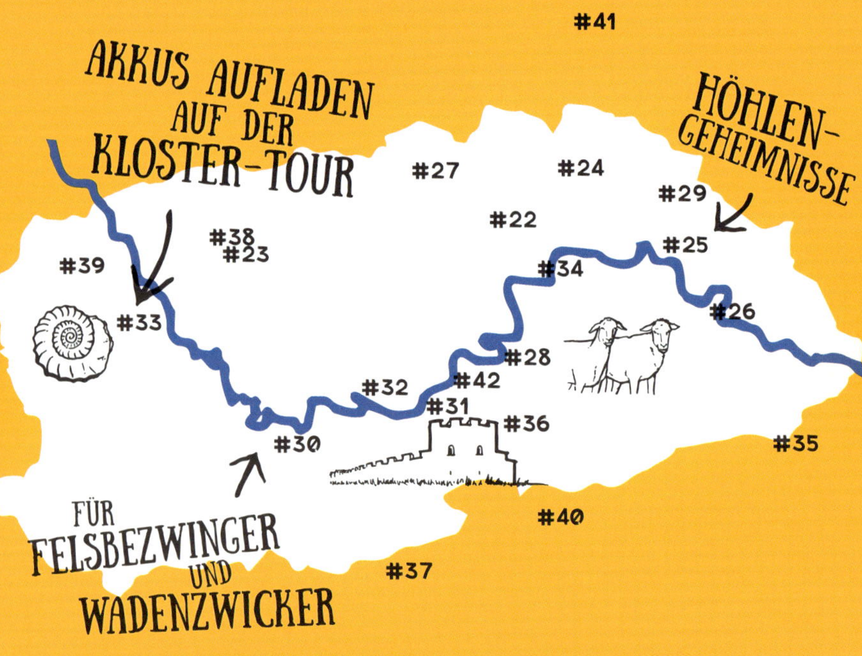

Raus für einen Tag

Über den Dächern der Stadt wandern, an Kräutern schnuppern und im Wohnzimmer der Kelten vorbeischauen – das macht das Beste aus jedem Tag.

12H

KREUZ, KALK UND KNOCHEN

... auf dem Gredinger Adolf-Hackner-Weg

#22

Rund um Greding verlaufen viele Wanderwege. Praktisch, dass der Adolf-Hackner-Weg die schönsten Teiletappen in einer Route zusammenfasst. Und so führt diese Eskapade ans Ufer der Schwarzach, zu den Kalksinterterrassen im Kaisinger Tal und zu einem Beinhaus voller Skelette.

#FangdesTages #Terrassenplätzchen #nurnichtdenKopfverlieren #SteinundBein

Berg- und Talüberraschungen in Greding: Im Kaisinger Tal gluckert das Wasser über Kalksinterterrassen und auf dem Kalvarienberg gesellt sich zur Aussicht ein moderner Kreuzweg.

Als Namenspate dieses Wegs kannte Adolf Hackner sicher alle besonderen Plätzchen Gredings, denn viele Jahre lang war er engagierter Wanderwart – entsprechend gerne vertraut man sich posthum seiner Führung an. Zwar ist der Adolf-Hackner-Weg an markanten Stellen ausgeschildert, ein GPX-Track unterwegs schadet aber nicht. Außerdem gibt es mehrmals die Möglichkeit, die Tour abzukürzen. Gerade bei wechselhaftem Frühlingswetter ist diese Option nicht schlecht.

Doch jetzt geht's erst mal los. Vom Parkplatz am Hallenbad ist es ein Katzensprung zur Schwarzach. Eigentlich ist es eher ein Hechtsprung: Am Ufer reihen sich die Infotafeln des Fischlehrpfads aneinander und man macht Bekanntschaft mit Schwarzach-Bewohnern wie Zuckmücke oder Moderlieschen. Noch ist die nahe Autobahn zu hören, es kommen aber noch viele ruhige Abschnitte.

Die Route bleibt ein Stück an der Schwarzach und führt dann hinauf zu einer Wanderliege zwischen Obstbäumen mit schönem Blick auf Greding. Danach steuert sie wieder auf die Stadt zu, biegt aber davor ab ins Kaisinger Tal und damit zu einem Naturschauspiel. Der im Brunnenbach gelöste Kalk hat sich über eine unvorstellbar lange Zeit als Kalktuff abgelagert und so Terrasse für Terrasse geschaffen. Es plätschert, es gurgelt und das grüne Moos setzt im noch kargen Wald leuchtende Farbtupfer. Allerdings sind die Terrassen sehr zerbrechlich: deshalb unbedingt auf dem Weg bleiben. Dieser begleitet die Kalksinterterrassen noch ein Stück bergauf, überquert die Straße und verläuft mit Ausblicken auf das

Hin & weg: Nächster Bahnhof in Hilpoltstein, von dort mit der VGN-Freizeitbuslinie Gredl-Express weiter nach Greding (Mai bis Oktober, www.vgn.de). Das eigene Fahrzeug kann man am Altstadtparkplatz am Gredinger Hallenbad abstellen.

Beste Zeit: Frühjahr bis Herbst. Im Frühling sind die Sinterterrassen besonders gut zu sehen und es ist nicht so viel los.

Dauer & Strecke: Ca. 4 Std. für 11 km.

Ausrüstung: Feste Schuhe, Wanderstöcke, warme Kleidung (es kann windig und rutschig werden), GPX-Track, evtl. Badesachen.

Aussichten auf Greding mit seiner Basilika, in deren Beinhaus viele Knochen ruhen, gehören bei dieser Tour dazu – genauso wie das Wasser, das sich im Frühling seinen Weg ins Agbachtal bahnt.

Schwarzachtal durch den Wald. Für ein längeres und nicht ganz so spannendes Stück folgt die Route im Anschluss einem breiten Forstweg bis zu einem Parkplatz an der Straße zwischen Greding und Berching.

Nun ändert sich der Charakter der Tour: Über einen Trockenrasen wendet sie sich dem Agbach-Tal zu. Im Frühling kann man Zeuge davon werden, wie Wasser aus höher gelegenen Gefilden den Hang hinabschießt. An den Fischweihern schwingt sich die Tour auf einem Hohlweg und später auf einem Waldpfad den Hang hoch. Erneut wird eine Straße überquert und man bezwingt die letzten Höhenmeter. Die Aussicht ist bestens und lässt sich hervorragend auf der Wanderliege genießen. Im steilen Zickzack steigt ein Kreuzweg bergab und erreicht Greding an der Martinskirche. Der Blick in die romanische Basilika lohnt sich auf jeden Fall – das gilt auch für den Seelenkeller in der Friedhofskapelle: In diesem Karner stapeln sich menschliche Schädel und Knochen, die im Mittelalter zwecks Platzmangel am Friedhof umgebettet wurden. Mittelalterlich bleibt es auch auf den letzten Metern der Tour entlang der Stadtmauer. Zum Aufwärmen bietet sich das Hallenbad an, wo Massagedüsen und Sauna die Muskeln lockern.

FAZIT: ERFRISCHENDER MIX AUS NATUR, LEHRPFAD UND MITTELALTER. GENAU RICHTIG FÜR DEN START INS WANDERJAHR.

FESTUNG
WÜLZBURG
ROSSMÜHLE
KREBS
10 30 50
20 40

EIN STERN AM WANDER-HIMMEL

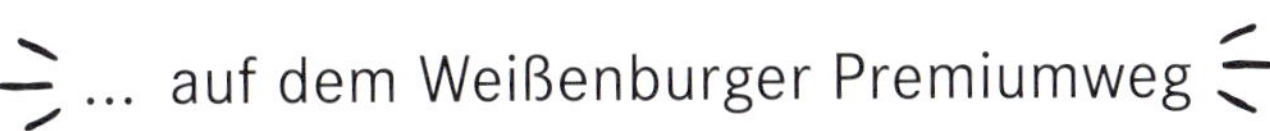

#23

Wer das Pentagon sehen will, muss in die USA fliegen … oder einfach den Rucksack schultern und sich in Weißenburg auf den Weg machen. Dort führt der Premiumweg zur Wülzburg: eine fünfzackige, eindrucksvolle Renaissance-Festung mit einem fantastischen Ausblick.

#Lucky13 #Zickzackkurs #fränkischesPentagon #AusblickamkaltenEck

Im steilen Zickzack führt der Premiumweg durch den Wald. Der Aufstieg lohnt sich, denn am Ende wartet die Renaissance-Festung Wülzburg.

Der Weißenburger Premiumweg Nr. 13 ist ein Glücksfall für alle, die gerne Natur mit Geschichte kombinieren. Von beiden hat Weißenburg jede Menge. Zum einen hinterließen die Römer ihre Spuren, zum anderen blickt Weißenburg auf eine stolze Geschichte als freie Reichsstadt zurück: Vom 13. Jahrhundert bis 1802 war sie ausschließlich dem Kaiser untertan.

Da aber auch andere Herrscher ihre Finger nach ihr ausstreckten, umgab Weißenburg eine trutzige Stadtmauer. Genau dort startet der Premiumweg. Allerdings wendet er der Altstadt sofort den Rücken zu und schwingt sich auf die Ludwigshöhe, wo man in der Ferne das erste Mal die Wülzburg erblickt. Doch bevor die Burg an der Reihe ist, taucht der Weg in den Stadtwald ein. Bergauf geht es zum Römerbrunnen. Der Legende nach spukt an dieser Stelle ein Germanen-Mädchen, das von einem römischen Soldaten erstochen wurde. Auch wenn sich die Arme nicht blicken lässt, ist das nächste Waldstück herrlich mystisch.

Nach dem Überqueren der B13 steigt die Route im Zickzack steil den Eichelberg hinauf. Gut, dass man am Gedenkstein für eine frühmittelalterliche Höhenburg verschnaufen kann. Nicht wundern: Auf dem Stein steht die Inschrift »Ueberreste eines römischen Castrums« – aber bei so viel Geschichte wie in Weißenburg konnte man schon mal durcheinanderkommen. Dann nähert sich die Route ihrem geografischen und kulturellen Höhepunkt: Mächtig thront die Wülzburg als perfektes Pentagon (Fünfeck) auf dem Rohrberg (www.weissenburg.de/wuelzburg). Allerdings war sie nicht zum Schutz der Reichsstadt gedacht. Erbauen ließ sie 1588 Markgraf Georg Friedrich d. Ä. von Brandenburg-Ansbach an der südlichen Grenze seines Territoriums, womit er Weißenburg quasi die Zunge herausstreckte. Bevor man dem Festungshof einen Besuch abstattet, geht es auf den Bastionen einmal rund herum. Am Kalten Eck ist der Blick besonders schön, doch der Wind bläst oft kräftig. Ein »Warmes Eck« hatte der Mark-

---

Hin & weg: Bahnhof Weißenburg. Parken am Seeweiherparkplatz.

Beste Zeit: Frühjahr bis Herbst. Bei Tiefschnee oder wenn es sehr matschig ist nicht zu empfehlen.

Dauer & Strecke: Ca. 5 Std. für 15,2 km (ohne Pausen).

Ausrüstung: Feste Schuhe, Wanderstöcke, warme Kleidung (es kann windig werden), GPX-Track, etwas Ausdauer.

Am »Kalten Eck« der Wülzburg pfeift der Wind. Dafür wärmt man sich nach der Tour kulinarisch auf, zum Beispiel bei fränkischen Bratwürsten in der Weißenburger »Kanne«.

graf leider nicht eingeplant, doch man kann sich ja beim Burgwirt aufwärmen.

Dann heißt es Abschied nehmen von der Festung und abwärts steigen – zunächst auf Treppen, dann auf der Straße. Nach dem Dörfchen Gänswirtshaus führt die Tour auf den Rohrberg. Wer eine weitere Pause braucht, macht es sich im Naturfreundehaus gemütlich (www.naturfreunde.de/haus/naturfreundehaus-rohrberghaus). Ganz entspannt verläuft die Route danach durch den Wald bis zum Bismarck-Turm, der Denkmal und Aussichtsturm in einem ist. Also die Stufen rauf und den letzten Rundumblick des Ausflugs genießen. Zurück im Tal wandert man durch Wohngebiete zurück zum Ausgangspunkt. Dafür entschädigt die Altstadt, wo man sich kulinarisch verwöhnen lassen kann – mit Reichsstadt-Flair, das ganz sicher einen Stern verdient.

FAZIT: DIESE TOUR SERVIERT AUF DEM SILBERTABLETT TRAUMAUSBLICKE, HERRLICHE WALDPASSAGEN UND GESCHICHTE. SO MACHT WANDERN RICHTIG SPAß.

WASSER-KUNST UND DICKE MAUERN

… am Hohen Brunnen in Berching

Wie lässt sich der Frühling schöner begrüßen als mit einer Tour, die einfach alles hat: einen Wahnsinns-Ausblick, weiche Waldpfade, ein Naturschauspiel und einen Sprung ins Mittelalter. All das schafft die Wanderung zum Hohen Brunnen in Berching auf gerade einmal zehn Kilometern.

#HalloFrühling #EskapadezurKaskade #StadtmauerSpaziergang

Baumeister Natur versus Baumeister Mensch: Der Hohe Brunnen und die Stadtmauer zeigen zwei Seiten Berchings.

Gestartet wird am Pettenkoferplatz in der mittelalterlichen Berchinger Altstadt mit ihrer komplett erhaltenen Wehrmauer, ihren engen Gässchen und Toren. Durch genau ein solches verlässt der Wanderweg Nr. 4 die Altstadt und führt zu einer imposanten Fußgängerbrücke, die den Main-Donau-Kanal überspannt. Danach folgt ein weniger spannendes, dafür aber steiles Stück durch ein Wohngebiet. Das ist allerdings nicht schlimm, denn man ist eh mit Atmen beschäftigt. Nach den letzten Häusern kündigt die Vierzehn-Nothelfer-Kapelle einen Höhepunkt an: Wo sich der Wald lichtet, lockt auf einem Wiesenhang eine Wanderliege zum Verschnaufen. Der Blick über die Altstadt und weit ins Tal ist auf jeden Fall eine Pause wert.

Für die nächsten Kilometer bleibt man auf der Anhöhe und durchquert einen herrlichen Wald, in dem der Frühlingswind in den Wipfeln rauscht und die Blätter des vergangenen Herbstes aufwirbelt. Nach rund zwei

Kilometern biegt die Route auf einen breiten Forstweg ein. Der ist zwar nicht so wildromantisch, bringt Wandernde aber dem nächsten Höhepunkt entgegen. An einer Audiostation zum Thema Bienen zweigt die Nr. 4 rechts ab und steuert den Hohen Brunnen an. Seine Baumeisterin war die Natur selbst – beziehungsweise ist es noch immer, denn diese

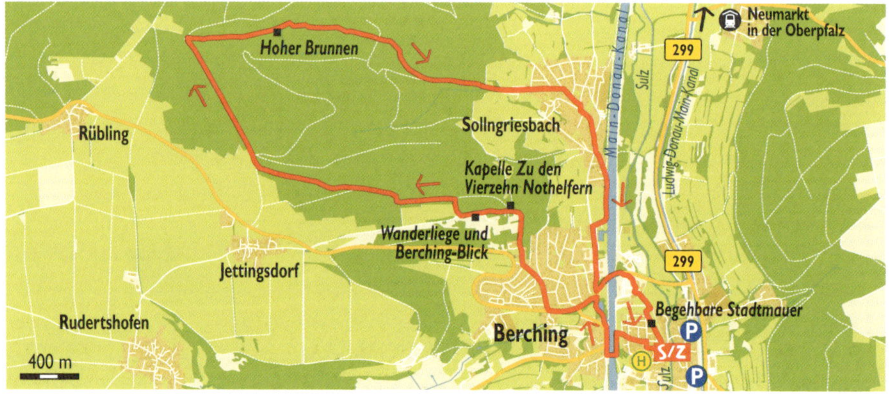

Die Pause nach dem Anstieg versüßen die Brotzeit und der Blick über Berching. Später strecken sich im Wald Leberblümchen der Sonne entgegen.

eindrucksvollen Kalksinterterrassen wachsen etwa einen Millimeter pro Jahr (vorausgesetzt, weder Mensch noch Hund treten auf das empfindliche Geotop).

Aber auch so kommt man dem Naturschauspiel ganz nahe: Über eine Höhe von sieben Metern und eine Breite von 25 Metern türmt sich moosbewachsene Sinterstufe auf Sinterstufe, über die das Wasser perlt und sich in kleinen Becken sammelt. Es stammt aus zwei Quellen, die etwas oberhalb aus dem Boden gurgeln und an denen schon im zeitigen Frühjahr Leberblümchen ihre lila Blüten in die Sonne recken. Seine Entstehung verdankt der Hohe Brunnen dem kalkhaltigen Untergrund, der typisch für den Naturpark Altmühltal ist. Versickert Regenwasser, nimmt es jede Menge Mineralien auf und tritt als kühle Quelle wieder an die Oberfläche. Erwärmt sich das Wasser, wird Kohlendioxid an die Luft abgegeben. In der Folge fällt ein Teil des im Wasser gelösten Kalks aus und formt sich zu Gebilden wie dem Hohen Brunnen - Chemie in seiner schönsten Form.

Auch der Frühlingswald zeigt sich von seiner besten Seite. Vorbei an weichen Moosteppichen und bizarren Totholz-Formationen wird Sollngriesbach erreicht. Der Main-Donau-Kanal führt im Tal zurück nach Berching, wo zum Abschluss noch ein Highlight wartet: ein Spaziergang auf der begehbaren Wehrmauer. Danach kann man den Frühlingstag im Hans-Kuffer-Park direkt an der Sulz ausklingen lassen und sich anschließend in der Post (www.post-berching.de/restaurant) oder einer der anderen Berchinger Gastwirtschaften verwöhnen lassen.

FAZIT: LIEBLINGSTOUR ZUM FRÜHLINGSSTART – AUCH WEGEN DER GUTEN EINKEHRMÖGLICHKEITEN DANACH.

Hin & weg: Vom Bahnhof Neumarkt in der Oberpfalz mit dem Bus nach Berching (www.vgn.de). Parken an der Bahnhofstraße oder an der Schiffsanlegestelle Berching.

Beste Zeit: Frühjahr bis Herbst. Im Frühling besonders schön, wenn die Natur im Wald erwacht.

Dauer & Strecke: Ca. 3 Std. für 10,3 km (ohne Pause).

Ausrüstung: Wanderschuhe, Wanderstöcke.

ÜBER MERLINS REICH

... über den Mühlbacher Höhlen

»Wie Sie sehen, sehen Sie nichts«, steht auf einer Tafel am Höhlenkundlichen Wanderweg rund um den Dietfurter Ortsteil Mühlbach. Aber keine Sorge: Es gibt jede Menge zu schauen, darunter ein fantastischer Ausblick sowie viele Infos zu einem geheimnisvollen unterirdischen Reich.

#StarimVerborgenen #wieKopfaufFelsen #Schluckloch #Donnerdom

Unter dem Kopffelsen erstreckt sich das Altmühltal, dessen Hänge von Karsthöhlen durchzogen sind. Ein sichtbarer Beweis dafür ist der Mühlbachquellteich.

Tatsächlich lässt sich der Star des Höhlenkundlichen Wanderwegs nur einmal blicken: Gleich nach Start am Mühlbacher Dorfplatz funkelt hinter der Obermühle der Mühlbachquellteich smaragdgrün in der Sonne. Das ist hübsch anzusehen, doch das eigentlich Spannende passiert, bevor das Wasser aus dem Karstgestein sprudelt. Hinter der Quelle verbirgt sich eine der größten Höhlen Nordbayerns – zehn Kilometer lang und mit einem unterirdischen Flusssystem samt 300 Meter langem See und großem Wasserfall im Donnerdom. »Merlins Reich« oder die »Jules-Verne-Passage« finden sich ebenfalls in der erst 2001 entdeckten Höhle, aber auch gefährliche Bereiche wie der »Menschenfresser-Siphon«. Deshalb darf die Höhle nur von erfahrenen Höhlenforschenden mit spezieller Ausrüstung befahren werden.

Für alle anderen gibt es den Höhlenkundlichen Wanderweg, der genau über der Höhle verläuft und dessen Infotafeln die verborgene Welt unter den Füßen erklären. Und es ist ja nicht so, dass die Route an der Oberfläche nichts zu bieten hätte. Dafür geht es erst

einmal steil durch den Wald bergauf. Auf der Höhe führt ein Stichweg zum Kopffelsen und damit zu einer fantastischen Aussicht über das Mühlbach- und das Altmühltal. Im Frühling ergänzen die zahlreichen lila Blüten der pelzigen Küchenschellen auf den Felsen das Bild. Zurück auf dem Rundweg bleibt man im Wald, wo unter anderem trichterförmige Senken im Boden das Interesse wecken. Diese Dolinen sind Erscheinungen der für den Naturpark Altmühltal typischen Karstlandschaft – oder anders gesagt: Der Untergrund ist durchlöchert wie ein Schweizer Käse.

Käse haben sich bestimmt auch die Räuber schmecken lassen, die dem Räuberloch ihren Namen gegeben haben: Der Eingang zu dieser Höhle, die man nur auf dem Bauch kriechend »befahren« kann, ist bestens sichtbar. Auch selber darf man ein bisschen kriechen, und zwar völlig ungefährlich an den Spiel- und Erlebnisstationen. Gedacht sind sie in erster Linie für Kinder, aber auch im fortgeschrit-

In die Räuberhöhle zu kriechen, wäre viel zu gefährlich. Aber an den Spielstationen darf man sich fühlen wie ein echter Höhlenforscher. Ganz gefahrlos erfreut der Anblick der pelzigen Küchenschellen.

tenerem Alter spricht nichts dagegen, dem Spieltrieb freien Lauf zu lassen: also ab zum »Höhlen-Schlufen« in der engen Betonröhre oder zum »Kluftqueren« am Baumstamm.

Danach macht der Wanderweg noch einen Schwenk zu den spektakulären Dolinen in der Pestenrainer Mulde. Wer schon etwas müde ist, nimmt vorher die Abkürzung Richtung Mühlbach. Das letzte Stück auf der Sommerleite zeigt sich noch einmal von einer sehr schönen Seite mit artenreichem Trockenrasen und tollem Blick hinüber nach Dietfurt. Wieder in Mühlbach lohnt sich ein Abstecher in die Obermühle: Sie ist nicht nur ein besonders ansehnliches Jurahaus-Ensemble, sondern bietet auch eine Ausstellung über die Erforschung der Mühlbachquellhöhle (www.obermuehle-muehlbach.de).

FAZIT: EINBLICK IN DIE UNTERIRDISCHE WELT DER HÖHLENFORSCHUNG. SUPER AUCH MIT KINDERN, AUF DIE UNTERWEGS SPIELSTATIONEN WARTEN.

Hin & weg: Vom Bahnhof Neumarkt in der Oberpfalz den Rufbus zwischen Dietfurt und Mühlbach nehmen (nicht sonntags). Alternativ am Wochenende und feiertags vom Bahnhof Eichstätt Stadt oder Saal/Donau mit dem Freizeitbus nach Mühlbach (www.dietfurt.de/busfahrplan). Parkmöglichkeiten an der Riedenburger Straße in Mühlbach.

Beste Zeit: Frühling bis Herbst. Im Frühling besonders schön, wenn am Kopffelsen die Küchenschellen blühen.

Dauer & Strecke: Ca. 4 Std. für 8,2 km mit Pausen und Spielstationen.

Ausrüstung: Wanderschuhe und ein bisschen Vorstellungskraft.

KLAMM-HEIMLICH ZU DEN NIBELUNGEN

… auf dem Wanderweg Nr. 17 rund um Riedenburg

#26

Auf dieser Eskapade könnte es eng werden – aber deswegen ist sie ja auch so schön! Sie führt in die faszinierende Felsenwelt der Riedenburger Klamm. Doch nicht nur das macht die Wanderung sagenhaft, denn auf Burg Prunn offenbart sich zusätzlich die Welt der Nibelungen.

#FelsenFans #raufaufdieRitterburg #abhängeninderHalbhöhle

Diese Eskapade verlangt eindeutig nach Wiederholung: Wer einmal durch das Naturschutzgebiet der Riedenburger Klamm gewandert ist, kommt sicher wieder. Doch egal ob Premiere oder Wiederkehr, gestartet wird am Riedenburger Marktplatz. Ziemlich schnell geht es auf dem Weg Nr. 17 aus der Stadt hinaus und hinein in den Laubwald. Schon jetzt sind die markanten Jurafelsen ein ständiger Begleiter.

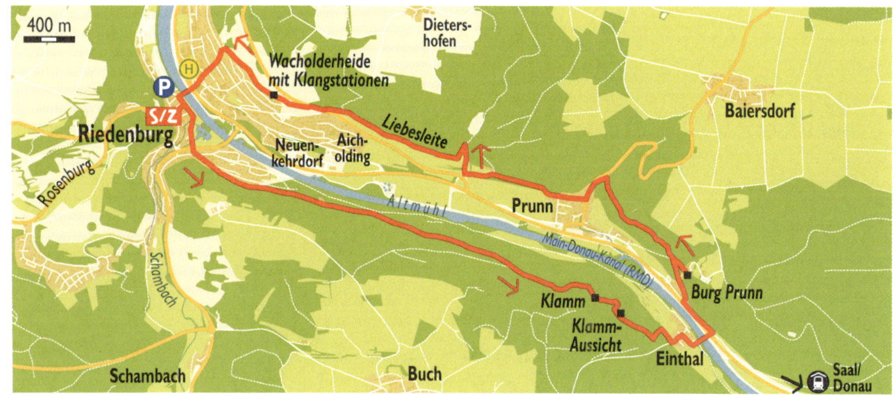

In der Riedenburger Klamm geht es eng zwischen Felsen hindurch. Mit etwas Glück trifft man unterwegs auch auf Kletternde. Auf was man sich aber sicher freuen kann, ist der Ausblick von Burg Prunn.

Nach etwa 3,4 Kilometern dann der Einstieg in die Klamm. Wer dabei an einen tosenden Gebirgsbach denkt, irrt: Zwar standen die spitzen Felsnadeln, die sich in diesem wie verzaubert wirkenden Schluchtwald erheben, einst in einer Meereslagune. Aber das ist schon rund 140 Millionen Jahre her. Heute führen Steintreppen und schmale Steige zwischen den bemoosten Felsen hindurch.

Von der gegenüberliegenden Hangseite leuchtet bereits Burg Prunn als nächstes Zwischenziel herüber. Um sie zu erreichen, schlängelt sich der Weg weiter durch die Felsen und steigt hinunter nach Einthal. Doch nur kurz bleibt die Route im Tal. Gleich nachdem der Main-Donau-Kanal überquert ist, geht es auch schon wieder bergauf. Erst über eine Treppe, dann über einen steilen Pfad im Wald nähert man sich der Burg (www.burg-prunn.de). Bereits der Blick von unten ist beeindruckend, denn die um 1200 erbaute Burg thront auf einem senkrechten Felsen, einst ein Korallenriff des Jurameers.

Oben angekommen, bleibt es atemberaubend - und das nicht nur wegen des Anstiegs: Der Blick ins Altmühltal ist herrlich! Ein Abstecher in den Burghof muss sein, schließlich steht man vor einer der besterhaltenen Burgen Bayerns. Wer etwas Zeit mitbringt, erkundet ihr Inneres bei einer Führung und erfährt dabei mehr über die Originalhandschrift des Nibelungenlieds, die hier gefunden wurde.

Die Burg markiert außerdem den Wendepunkt der Route. Auch der Rückweg hat noch einige sehr schöne Abschnitte im Gepäck. Allein der Buchenwald, durch dessen Laub die Füße rascheln, ist wunderbar. Vielleicht hat man Glück und trifft an der Friedrichsruh auf Kletterbegeisterte, die in der gewölbten Wand dieser Halbhöhle hängen. Über die Dörfchen Prunn und Emmerthal wird gemütlich weitergewandert, während sich zwischendurch immer wieder Blicke auf Riedenburg bieten. Dabei klärt sich der Beiname Drei-Burgen-Stadt, denn am Horizont zeichnen sich die Rosenburg sowie die Ruinen von Rabenstein und Tachenstein ab. Ganz zum Schluss überrascht die Runde noch mit einer sehr schönen Wacholderheide, auf der vielleicht eine Schafherde weidet. Wenn nicht, zeigen sich die Lämmer zumindest in getöpferter Miniversion an einer der Stationen des Klangwegs, der ebenfalls über die Wacholderheide verläuft - und mit dem diese Eskapade harmonisch ausklingt.

FAZIT: EINER DER SCHÖNSTEN WANDERWEGE IM NATURPARK ALTMÜHLTAL MIT TOLLEN AUSSICHTSPUNKTEN UND EINER DER BESTERHALTENEN RITTERBURGEN BAYERNS.

Hin & weg: Vom Bahnhof in Saal/Donau per Bus in die Riedenburger Innenstadt (Haltestelle St.-Anna-Brücke). Großparkplatz an der Riedenburger Austraße.

Beste Zeit: Frühjahr bis Herbst. Bei bereits einigermaßen trockenem Boden ist dies eine herrliche Tour für einen anspruchsvollen Wanderstart im Frühling.

Dauer & Strecke: Ca. 4,5 Std. für 12 km (ohne Burgführung).

Ausrüstung: Wanderschuhe, Wanderstöcke, Trittsicherheit.

HAUS-BESUCH BEI DEN KELTEN

... auf dem Thalmässinger Vorgeschichtsweg

Würde es eine frühgeschichtliche Ausgabe von »Schöner Wohnen« geben, hätte das Geschichtsdorf in Landersdorf sicher eine Extra-Ausgabe verdient. Zu dessen Steinzeit-, Kelten- und Bajuwarenhäusern führt der Thalmässinger Vorgeschichtsweg ebenso wie zu Grabhügeln oder in ein »fundreiches« Museum.

#BierimKeller #AbstaubenimMuseum #denStierbeidenHörnern

Im Keltendorf Landersdorf steht die Tür zur Geschichte immer offen. Auf dem Weg dorthin lässt sich mit etwas Glück auch ein Feuersalamander blicken.

Von der Steinzeit ins frühe Mittelalter und das auf nicht einmal 13 Kilometern durch herrliche Natur? Kein Problem für den Thalmässinger Vorgeschichtsweg, der vom Deutschen Wanderinstitut als Premiumweg zertifiziert wurde. Ideal zur Einstimmung ist das Archäologische Museum am Marktplatz – unübersehbar durch die beiden riesigen Stiere vor dem Eingang (www.thalmaessing.de). Das Stier-Pärchen ist die überdimensionierte Replik eines der bekanntesten Museumsschätze. Gerade einmal drei Zentimeter misst das Original, ein Schmuckanhänger aus einem keltischen Gräberfeld.

Gemeinsam bilden Museum, Wanderwege und Geschichtsdorf das Fundreich Thalmässing. Wie ein Vergrößerungsglas macht es die spannende Siedlungsgeschichte der Region sichtbar.

Dank vieler Mitmachstationen geht im Museum die ganze Familie auf Zeitreise: Da werden mit dem Steinbeil Holzstämme gehackt oder alte Schwerben freigepinselt. Falls die Familienplanung schon abgeschlossen ist, sollte man dem Stieramulett allerdings nicht zu nahe kommen, schließlich galt es bei den Kelten als Fruchtbarkeitssymbol.

Nach dem Päuschen unter der Johann-Denzler-Linde geht es auf den Waizenhofener Espan in ein Hügelgräberfeld. Lebendig wird keltische Geschichte im Museum Thalmässing und im Keltendorf Landersdorf.

Dann doch lieber wandern – in diesem Fall erst einmal bergan und vorbei an der mächtigen Johann-Denzler-Linde. Im Wald wagt man sich durch die Tür eines Felsenkellers, in dem die Thalmässinger Brauer früher ihr Bier lagerten. Kalt und finster ist es im Keller, da freut sich das Wanderherz umso mehr auf den Waizenhofener Espan: ein lichtes Höhenplateau, das von einer prächtigen Lindenallee durchzogen wird. Vor allem aber finden sich hier die Reste einer vorgeschichtlichen Befestigung sowie ein großes bronzezeitliches Hügelgräberfeld. Sorge, diese historischen Zeugnisse zu verpassen, braucht niemand haben. Zum einen stehen an den entsprechenden Stellen Infotafeln, zum anderen wurde einer der Grabhügel nachgebaut.

Hin & weg: Mit dem Bus vom Bahnhof Hilpoltstein ins Thalmässinger Zentrum (www.vgn.de). Parken gegenüber dem Archäologischen Museum.

Beste Zeit: Frühjahr bis Herbst. Macht bereits im Frühling viel Spaß.

Dauer & Strecke: Ca. 4 Std. für 12,5 km (ohne Museumsbesuch).

Ausrüstung: Wanderschuhe, Wanderstöcke, Brotzeit fürs Geschichtsdorf.

Absolut unübersehbar ist das Geschichtsdorf in Landersdorf als nächstes Ziel. Der Vorgeschichtsweg führt nur bis zum Ortsrand von Landersdorf, aber wer dort dem Keltenweg folgt, kann die rekonstruierten Häuser der Steinzeitmenschen, Kelten und Bajuwaren nicht verfehlen. Besonders schön: Die drei Hofanlagen sind immer zugänglich, also gerne Platz nehmen am Tisch der Bajuwarenfamilie und die eigene Brotzeit genießen. Zurück auf dem Vorgeschichtsweg dreht man noch eine schöne Runde durch den Wald und genießt bei Gebersdorf einen herrlichen Ausblick. Er reicht vom Waizenhofener Espan bis hinüber zur Reuther Platte, auf der sich einst eine frühkeltische Siedlung befand. Noch einmal geht es danach in den Wald und schließlich wieder hinunter nach Thalmässing. Nachdem der Wissensdurst schon gestillt ist, bietet sich eine Einkehr an. Dafür gibt's rund um den Marktplatz mehrere Möglichkeiten.

FAZIT: SPANNENDE ZEITREISE MIT JEDER MENGE GESCHICHTE ZUM ANFASSEN, HERRLICHEM WALD UND DER WEITE DES WAIZENHOFENER ESPANS.

TRAUM-PFADE ZUM HÖHLEN-SCHLUND

#28

Pure Natur samt einer Höhle mit finsterer Vergangenheit gewährt diese Wanderung auf dem südlichen Mühlenweg. Mit dem Rauchenberg-, dem Glocker- und dem Husarensteig sind drei herrliche Pfade integriert, die sich eng an Felsen schmiegen, für dieses Erlebnis aber einiges an Trittsicherheit verlangen.

#FeelgoodamFels #SteigerlTrio #BatCave #knochenhart

Die Schambach begegnet dieser Tour immer wieder: mal verläuft sie am Hang über ihr, mal geht es über ihren Wasserlauf.

Wallfahrtskirche St. Sebastian und Schloss Arnsberg, das dramatisch auf steilen Felsen über dem Dorf thront, im Bild.

Bei der Fernsicht aufs Schloss bleibt es auch, denn der Mühlenweg hat andere Ziele. Er führt dafür hinein ins mühlenreiche Schambachtal. Sobald die erste Mühle ins Blickfeld gerät, wird die Schambach auf einer kleinen Brücke überquert. Obstbäume begleiten den Weg bis zum Waldrand. Nun wird bergauf gewandert, doch der breite Forstweg wird bald gegen den schmalen Rauchenbergsteig eingetauscht. Er schlängelt sich oberhalb der Schambach den Hang entlang und umrundet steil in den Himmel ragende Felsen – ein Stück pures Wanderglück.

Der Kipfenberger Ortsteil Arnsberg ist ein Bild von einem Altmühl-Dörfchen und setzt sich gleich zum Start bestens in Szene: Wer sich im riesigen Bilderrahmen an der Altmühlbrücke fürs Foto in Pose wirft, hat auch die

Zurück im Tal bietet sich der Gasthof zur Linde (www.linde-altmuehltal.de) zur Einkehr an, bevor es auch schon wieder bergan geht. Jetzt übernimmt der Glockersteig die Führung durch den Wald, in dem moosbewachsene Felsen in frischem Grün erstrahlen. Kurz vor Attenzell schwingt sich der Mühlenweg der Arndthöhle entgegen, die sich wie ein dunkler Schlund im Hang öffnet und zu der steile Treppen hinuntersteigen. Ihr dunkles Inneres ist für Fledermäuse der Inbegriff von Gemütlichkeit. Um die Mini-Batmen nicht in ihrer Winterruhe zu stören, ist die Höhle nur von Frühling bis Herbst zugänglich.

Auch die frühen Bewohner des Naturparks Altmühltal haben die Arndthöhle benutzt, allerdings zu weniger friedlichen Zwecken: Funde von zerschlagenen Menschenknochen lassen vermuten, dass sie als vorgeschichtlicher

Nur nicht aus dem Rahmen fallen und immer schön am Weg bleiben: Rund um Arnsberg findet sich genau die richtige Portion Wanderabenteuer.

Opferschacht diente. Die Gänsehaut, die einem die Arme überzieht, kommt also nicht nur von den stets kühlen Temperaturen in der Höhle.

Zurück im Tageslicht wartet der Husarensteig. Er hangelt sich dramatisch über Felsen, Wurzeln und steil abfallende Hänge – nur gut, dass Bohlen und Geländer unterwegs für Unterstützung sorgen.

Danach ist es nicht mehr weit, bis sich diese Tour vom Mühlenweg trennt: Der würde es nämlich in seinem nördlichen Teil noch weiter bis Kipfenberg und auf stattliche 26 Kilometer bringen. Stattdessen wählt man einfach die ausgeschilderte Direktverbindung nach Arnsberg, die in etwa einer halben Stunde zurück zum Ausgangspunkt führt – aber nicht, ohne vorher noch einen herrlichen Ausblick über das Dorf und das Altmühltal zu bieten.

FAZIT: DRAMATISCHE PFADE DURCH FELSEN, ÜBER WEICHE WIESEN UND IN EINE GEHEIMNISVOLLE HÖHLE SCHENKEN LEICHT ANSPRUCHSVOLLES WANDERGLÜCK.

Hin & weg: Nächster Bahnhof: Eichstätt Stadt, Busverbindung nach Arnsberg (www.kipfenberg.de/nahverkehr). Parkplatz an der Altmühlbrücke Arnsberg.

Beste Zeit: Von Frühling bis Herbst; nach Regen beachten, dass die Pfade sehr rutschig sein können; die Arndthöhle ist von April bis Ende September zugänglich.

Dauer & Strecke: Ca. 6 Std. für 14,9 km (mit Pausen und Höhlenbesuch).

Ausrüstung: Feste Schuhe, Wanderstöcke, Taschenlampe und Trittsicherheit.

IN VOLLER BLÜTE

#29

Ab und zu sollte man sich selbst Blumen schenken. Wo geht das besser als auf dem Rosenweg in Breitenbrunn, der von einer duftenden Station zu nächsten führt? Und da es zur frühsommerlichen Rosenblüte schon richtig heiß sein kann, sorgt das smaragdfarbene Wasser im Naturbad für Abkühlung.

#vielenDankfürdieBlumen #wildeKöniginnen #NixeimNaturbad

Auf dem Breitenbrunner Rosenweg zeigt sich nicht nur die Königin der Blumen von ihrer besten Seite. Es geht auch hinauf zur Wallfahrtskirche St. Sebastian und ins Bachhaupter Tal.

Den Startschuss für den Rosenweg gibt die heilige Barbara, die am Breitenbrunner Marktplatz auf ihrem Brunnen thront. Hinter ihr wachsen im ersten Themengarten prächtige Duftrosen mit Namen wie Long John Silver oder Princess Alexandra. Auf dem Weg durch den Ort verdient der grüne Daumen der Breitenbrunner:innen Anerkennung, denn auch Privatgärten gehören zu den Stationen – wobei es hier natürlich beim Blick über den

Hin & weg: Mit dem Bus vom Bahnhof Neumarkt in der Oberpfalz nach Breitenbrunn. Parkplatz an der Dietfurter Straße beim SV Breitenbrunn oder am Naturbad.

Beste Zeit: Im Juni zur Rosenblüte.

Dauer & Strecke: Rosenweg ca. 2,5 Std. für 8,6 km. Zeit im Naturbad nach Lust und Laune.

Ausrüstung: Feste Schuhe, Sonnenschutz, Badesachen, Broschüre zum Rosenweg als Download (www.altmuehl-jura.de/wege/rosenweg-13).

Biotop statt Chemie: Das Breitenbrunner Naturbad ist perfekt für einen heißen Sommertag.

Zaun bleibt. Richtig schön geschnuppert wird dann wieder vor dem Rathaus im Tilly-Schloss. Zwischen stattlichen Lavendelbüschen gedeihen ausschließlich historische Rosen, sodass man sogar der Königin von Dänemark seine Aufwartung machen kann.

Ein Abstecher führt hinauf zur Schule, an der es aufs Üppigste blüht und wo der Rosenbogen eine schmucke Fotogelegenheit bietet. Die nächsten Stationen weisen den Weg aus dem Ort und hinauf zur Wallfahrtskirche St. Sebastian. Leider ist die Kirchentür meist verschlossen, aber immerhin gibt es ein kleines Guckfenster. Dann geht es auch schon wieder hinunter ins Tal der Bachhaupter Laber. Dort sprudelt in einem kleinen Häuschen die Sebastiansquelle aus dem Fels. Ihr werden Heilkräfte nachgesagt – auf jeden Fall kühlt ihr Wasser im Kneippbecken ein Stück bachabwärts die Füße.

Jetzt macht der Weg eine kurze Rosenpause und durchquert einen angenehm schattigen Wald, während es bergauf dem Dörfchen Buch und einigen weiteren blühenden Stationen entgegengeht. Beim Pfadfinderzeltplatz am Dorfrand müssen sich die Wandernden entscheiden. Entweder machen sie noch einen Abstecher in den etwas höher gelegenen Wildrosengarten oder sie wählen gleich das besonders schöne Wegstück hinunter ins Bachhaupter Tal, das von dramatischen Felsen bewacht wird.

Die Bachhaupter Laber führt wieder zurück nach Breitenbrunn. Ihr Wasser wirkt verlockend, doch die erfrischende Belohnung für diese Sommerwanderung wartet im Naturbad Breitenbrunn. Es kommt ganz ohne Chemie aus, für das saubere Wasser sorgt das Biotop, in dem einem der ein oder andere Frosch entgegenhüpft. Also ab ins kühle Nass samt Kiesstrand, Kinderbereich, Umkleide & Co. – und danach im Liegestuhl entspannt den Nachmittag genießen.

FAZIT: EINE KURZE TOUR, AUF DER ES BLÜHT, DUFTET, BRUMMT UND SUMMT. IN KOMBI MIT DEM NATURBAD EIN PERFEKTER SOMMERTAG.

SONNEN-TOUR DURCH DIE EISZEIT

#30

Kaum vorstellbar, dass sich rund um Dollnstein und Wellheim einst die mächtige Urdonau ihren Weg bahnte. Einen Eindruck davon vermittelt die Schlaufe 11: Die herrliche Wandertour lockt mit Naturgenuss, erfrischendem Quellwasser und einem berühmten Kletterfelsen.

#woistderFluss #WacholderWandern #imSchattenanderSchutter

Der Dohlenfelsen (links) gehört zu den eindrucksvollsten Kletterfelsen im Naturpark Altmühltal. Zu Füßen der Wellheimer Burg entspringt die Schutter – ein gutes Schattenplätzchen für eine Pause.

Die fantastische Landschaft auf diesem Wanderweg verdankt ihre Entstehung der Urdonau. Nur: Wo ist der Fluss geblieben? Von ihrem mächtigen Strom ist nämlich nichts zu sehen, da sie schon während einer der jüngsten Eiszeiten ihren Verlauf geändert hat. Geblieben ist das trockengefallene Urdonautal, das die Kulisse für diese Tour bietet.

Der Dollnsteiner Bahnhof ist Ausgangspunkt für die Route, die noch im Ort steil ansteigt. Schon bald sind die Wandernden mitten in der Natur: An der Hangkante überqueren sie eine Wacholderheide, auf der Kräuter duften, Schmetterlinge schwirren und das Altmühltaler Lamm weidet. Die Schafe sind für die steilen Wacholderheiden »Landschaftsschützer auf vier Beinen«. Würden sie dort nicht ihren Hunger stillen, würden Büsche und Bäume diesen empfindlichen und vielfältigen Lebensraum überwuchern. Von hier oben lässt sich auch das Urdonautal bestens überblicken – also Fantasie an und vorstellen, wie sich ihre Wassermassen durch das Tal wälzten.

Oberhalb des Rieder Weihers führt der Weg abwärts. Auf den Wacholderheiden wird es im Sommer richtig heiß, weshalb der Schatten im Wald sehr willkommen ist. Nach Konstein wird

---

Hin & weg: Bahnhof Dollnstein. Parken am Bahnhof.

Beste Zeit: Frühjahr bis Herbst. Im Sommer stehen die Chancen am besten, Kletteraction live zu sehen.

Dauer & Strecke: Ca. 5,5 Std. für 17,6 km (ohne Pausen).

Ausrüstung: Wanderschuhe, Wanderstöcke, Sonnenschutz, ausreichend Getränke.

Unterhalb der artenreichen Wacholderheide breitet sich das Urdonautal aus.

die nächste Steigung mit dem Aussichtspunkt Löwenkopf belohnt. Nun ist bereits auf der anderen Talseite der mächtige Dohlenfelsen zu erspähen. Vorher geht es aber noch nach Wellheim und vorbei an der Burgruine, die auf einem steilen Felsen thront. Im Tal geleitet eine Pappelallee die Wandernden zur Quelle der Schutter. Sie war übrigens einer der Gründe, warum sich die Urdonau ein neues Flussbett suchen musste, denn die Schutter zapfte ihr einfach das Wasser ab. Ein paar Stufen führen hinunter zum kühlen Nass und laden dazu ein, die Füße einzutauchen.

Auch zu einem erfrischenden Getränk ist es nicht weit: Das Naturfreundehaus Konstein liegt direkt am Weg (www.naturfreundehaus-konstein.de). Die Stärkung tut gut, denn es folgt der längste Anstieg der Tour. Allerdings ist der steile Weg noch nichts gegen die Leistung der Kletterbegeisterten, die sich die 70 Meter hohe Wand des Dohlenfelsens hinaufhangeln. Seine markante und exponierte Form verdankt er der Urdonau, die ihn von beiden Seiten »angenagt« hat. Im Schutz des Waldes bewältigt man Höhenmeter für Höhenmeter und biegt dann auf eine alte Römerstraße ab. Verlässt der Weg den Wald, gibt es als letztes Zuckerl noch einen weiten Ausblick auf Dollnstein, die Altmühl und den Burgsteinfelsen. Danach beendet gemütliches Auslaufen bergab die Tour.

FAZIT: DIE TOUR FORDERT DIE WADEN, DOCH DIE KOMBINATION AUS FLUSSGESCHICHTE, FELSEN UND WACHOLDERHEIDEN IST EIN WANDERTRAUM.

DOLCE VITA AM ALTMÜHL-STRAND

... zwischen Eichstätt und Walting

#31

An manchen Sommertagen ist es einfach zu heiß, um sich mehr als notwendig zu bewegen. Das übernimmt bei dieser Tour entlang der Altmühl deshalb der Roller. Mit warmem Fahrtwind im Gesicht düst man zu erfrischenden Wasser- und Genussstationen zwischen Eichstätt und Walting.

#süßesNichtstun #Kneippdichfrisch #SonnenbadanderWasserburg

Mit dem Roller geht's an der Altmühl und an Wacholderheiden entlang. Ein schattiges Fleckchen für einen Stopp findet sich immer.

Eines vorweg: Wer keinen Motorroller sein Eigen nennt, kann die Tour natürlich auch mit dem Rad unternehmen. Doch wenn der Altmühltal-Sommer seine volle Kraft entfaltet, ist es einfach herrlich, auf Vespa & Co. durch die Landschaft zu düsen. Das mediterrane Flair des Naturparks Altmühltal bietet schließlich die perfekte Kulisse für ein paar Stunden Dolce Vita.

Die reine Fahrtzeit ist gar nicht so lang, aber dafür lässt man sich von einer Station zur nächsten treiben. Nach einem Cappuccino in einem der Eichstätter Cafés wird der Rollermotor angeworfen, und schon in wenigen Minuten liegt die Stadt hinter einem. Rechts fließt die Altmühl, links erheben sich steile Wacholderheiden und kurz vor Pfünz grüßen die Statuen von zwei Römern am Straßenrand. Sie verweisen auf das römische Kastell über Pfünz, das von hier aus gut zu sehen ist.

Auf Höhe der Legionäre verlässt man die Staatsstraße nach links und macht kurz darauf Halt an der Almosmühle. Am Fuße eines mächtigen Dolomitfelsens, der aus dem Hang zu quillen scheint, treten fünf Karstquellen an die Oberfläche und speisen ein Kneippbecken: Schuhe aus und rein ins Quellwasser, das auch im Hochsommer nicht wärmer ist als zehn Grad. Nach dem Frischekick geht es wei-

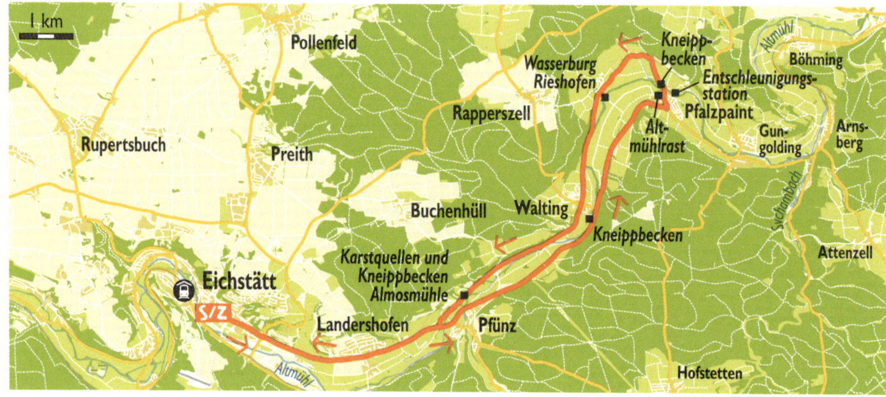

Wenn sich das Altmühltal von seiner Sonnenseite zeigt, ist das perfekt zum Entspannen – etwa an der Kneippanlage in Pfalzpaint.

ter nach Walting (auch dort gibt es ein schönes Kneippbecken) sowie nach Rieshofen zur ehemaligen Wasserburg aus dem Jahr 1250, die direkt am Altmühlufer liegt. Ein bisschen gruseln darf man sich ebenfalls: Der Bergfried ist auch unter dem Namen Hungerturm bekannt, da einst ein Delinquent in den Turm geworfen wurde und qualvoll verhungerte.

Zum Glück vertreibt die Sonne die Gänsehaut und schon wird die nächste Station angefahren. Kurz vor Pfalzpaint lockt wieder ein Kneippbecken, dieses Mal gespeist vom Isenbrunner Bach und mit Blick auf die gegenüberliegenden Wacholderheiden. Das Wasser ist nicht ganz so kalt, deshalb sind hier oft Familien anzutreffen. Während die Kinder pritscheln, legen sich Hartgesottene komplett ins kühle Nass. Allen, die nun Hunger haben, bietet Angelina's Altmühlrast gleich nach der Pfalzpainter Altmühlbrücke an Sommerwochenenden hausgemachten Kuchen, Bauernhof-Eis oder eine deftige Brotzeit. Unbedingt mitnehmen: die gemischte Süßigkeiten-Tüte, die Kindheitserinnerungen weckt.

Letzter Halt, bevor es zurück Richtung Eichstätt geht, ist die Pfalzpainter Entschleunigungsstation, eine Art Amphitheater aus Natursteinquadern, dessen Stufen hinunter zum Wasser führen. An Land macht man es sich in der Wanderliege gemütlich – der perfekte Ort für das süße Leben des Altmühlsommers.

FAZIT: EINE TOUR MIT HEIßEM REIFEN ZU EISKALTEN QUELLEN UND JEDER MENGE ENTSCHLEUNIGUNGSSTATIONEN.

Hin & weg: Ab Eichstätt mit dem Motorroller; im benachbarten Adelschlag gibt es eine Vespa-Vermietung. Alternativ für Radler:innen Start am Bahnhof Eichstätt Stadt.

Beste Zeit: Sommer.

Dauer & Strecke: Mit Pausen, Kneippen und Einkehr einen halben Tag einplanen. Reine Fahrtstrecke 29,2 km.

Ausrüstung: Motorroller oder alternativ Fahrrad, Handtuch, evtl. Badeschuhe zum Kneippen, Badesachen, Picknickdecke.

TRAUMTOUR ÜBER DEN DÄCHERN

 … auf dem Eichstätter Panoramaweg 

#32

Vom Stadtzentrum in die Natur in weniger als zehn Minuten: Dafür braucht es in Eichstätt keinen Hochgeschwindigkeitszug, sondern einfach nur Wanderschuhe. Der Panoramaweg Nr. 7 umrundet die Stadt auf grünen Höhen und eröffnet gleichzeitig wunderbare Perspektiven auf Natur und Kultur.

#Wanderadel #KulturimWald #IlluminateninderHöhle

Die Frauenbergkapelle ist ein altes Eichstätter Marienheiligtum. Zurück ins Tal geht es durch den KultURwald.

Der Eichstätter Panoramaweg Nr. 7 steckt voller Wanderhöhepunkte – das hat er sogar schriftlich. Er wurde vom Deutschen Wanderverband als Qualitätsweg Wanderbares Deutschland – Traumtour ausgezeichnet, gehört also zum deutschen Wanderadel. Das freut das Outdoorherz, denn die Zertifizierung steht für viel Abwechslung und eine sehr gute Ausschilderung.

Die Route startet am Eichstätter Stadtbahnhof, von wo aus es über die Spitalbrücke in die Altstadt geht. Am Ende der Brücke erhebt sich das monumentale Westportal des Doms: Über Jahrhunderte hatten die Fürstbischöfe in und um Eichstätt das Sagen. Dass die hohen Herren gerne bauten, zeigt sich auf Dom-, Leonrod- und Kardinal-Preysing-Platz, wo sich ein barocker Domherrnhof an den nächsten reiht.

Barocke Pracht bietet auch das Informationszentrum Naturpark Altmühltal (www.naturpark-altmuehltal.de/infozentrum-eichstaett). Dort lohnt sich der Blick in die Kuppelhalle sowie in den Garten der Sinne, der mit den typischen Naturpark-Landschaften bekannt macht. Einige von ihnen kreuzt auch diese Route, die nun hinauf zum Neuen Weg führt. Dieser ist als Spazierweg sehr beliebt, was bei der fantastischen Aussicht nicht verwundert. Sein Ende markiert das Hotel Schönblick. Seinen Namen trägt es zu Recht, wovon ein Kaffeepäuschen auf der Terrasse überzeugt.

Auf dem gegenüberliegenden Hang wirft sich die Willibaldsburg in die Brust. Sie ist das nächste Ziel. Dafür geht's hinunter in die Stadt, über die Altmühl und rund um die Burg. Es folgt ein traumhaftes Stück: Über den Frauenberg steuert man die Frauenbergkapelle an – ein barockes Marienheiligtum. Der Weg bleibt noch eine Weile auf dem Berg und taucht dann in den Eichstätter KultURwald ein (www.eichstaett.de/kulturwald). Zwischen knorrigen Bäumen und vorwitzigen Felsen erklären seine Info-, Aktions- und Kunststationen, wie und von wem dieser Wald genutzt wurde. Dabei machen die Wandernden auch Bekanntschaft mit Ludwig Graf von Cobenzl und dem Cobenzl-Loch: eine künstliche Höhle, die Eichstätts berühmtester Illuminat anlegen ließ.

Danach geht es auf dem Kanapeeweg zurück zum Ausgangspunkt. Diesen Namen hat der Weg, weil sich hier früher die Eichstätter:innen nach dem Sonntagsmahl die Beine vertraten, bevor sie sich gemütlich aufs Kanapee – bairisch für Sofa – sinken ließen. Aber es spricht

Über Eichstätt, das sich an die Altmühl schmiegt, wacht die Willibaldsburg. Viel Grün gibt es auch in der Stadt, zum Beispiel im Garten der Sinne im Naturpark-Informationszentrum.

ja nichts dagegen, es sich ebenfalls gemütlich zu machen und den Tag in einem Eichstätter Biergarten ausklingen zu lassen.

FAZIT: EINE TRAUMTOUR, DIE VIEL ABWECHSLUNG FÜR DIE BEINE UND DIE AUGEN BIETET.

Hin & weg: Bahnhof Eichstätt Stadt. Parken am Freiwasser.

Beste Zeit: Ganzjährig, außer wenn es sehr matschig oder glatt ist. Im Sommer deshalb besonders schön.

Dauer & Strecke: Ca. 4,5 Std. für 11,5 km (ohne Pausen und Besichtigung).

Ausrüstung: Wanderschuhe, Wanderstöcke, Sonnenschutz.

HOCH HINAUS IM HAHNENKAMM

... auf der Treuchtlinger Kloster-Tour

Bei dieser Eskapade, die sich von Treuchtlingen aus über den Hahnenkamm und hinüber nach Gunzenhausen schwingt, sind Radler gefragt, die ein paar knackige Höhenmeter und eine Länge von knapp 80 Kilometern nicht scheuen – oder die einfach mit etwas E-Bike-Unterstützung an den Start gehen.

#GockelGebirge #MissionAltmühltal #Spielwiese #Wasserrutsche

Der Hahnenkammsee und Kloster Heidenheim gehören zu den Höhepunkten dieser Radtour durch den Hahnenkamm.

Beim Start an der Altmühl im Treuchtlinger Kurpark gibt sich diese Tour noch ganz entspannt. Doch sie folgt nicht dem ebenen Weg am Fluss, sondern hat ganz etwas anderes vor. Schon in der Stadt steigt sie an und hört nicht damit auf, bis nach etwa acht Kilometern der höchste Punkt der Route erreicht ist. Der Anstieg auf den markanten Höhenzug des Hahnenkamms ist geschafft!

Auf den folgenden Kilometern macht der Hahnenkamm seinem Namen alle Ehre. Zackig geht es auf und ab. Danach kühlt der Fahrtwind die erhitzten Gesichter, denn bis Hechlingen am See rollt man einfach nur bergab. Unten im Ort hat man die Wahl: entweder gleich rechts abbiegen oder dem Hahnenkammsee einen Besuch abstatten – und wenn es nur ist, um am Strand die Füße ins Wasser zu tauchen. Von Hechlingen aus führt die Tour deutlich sanfter bergauf bis nach Heidenheim. Der Stopp am Kloster (www.kloster-heidenheim.eu), das für die gesamte Region große kulturgeschichtliche Bedeutung hat, lohnt sich sehr: Von hier aus startete im achten Jahrhundert die Christianisierung Frankens. Wie das

geschah, wird im angeschlossenen Museum genau erklärt.

Die Atempause im Kloster tut gut, denn jetzt steht ein knackiger, dafür aber der letzte Anstieg der Tour auf dem Programm: Der Spielberg will bezwungen werden. Oben thront das gleichnamige Schloss, das einen perfekten Blick Richtung Gunzenhausen bietet (www.schlossspielberg.de).

Rund um das Bauwerk reihen sich moderne Skulpturen aneinander – vom gertenschlanken Flötenspieler bis zur üppigen Liegenden. Sie stammen von Ernst Steinacker, der auf dem Schloss lebte und dem vor Ort ein Museum gewidmet ist. Danach rollen die Räder fast wie von selbst zurück ins Tal und nach Gunzenhausen.

Der Aufstieg nach Spielberg ist fordernd, dafür wartet oben Kunst rund ums Schloss. Anschließend geht's durch Gunzenhausen und zum Karlsgraben, der von einem königlichen Ingenieurstraum erzählt.

Wer Lust auf einen zweiten Abstecher zum Wasser hat, fährt weiter an den Altmühlsee. Ansonsten vereint sich die Route mit dem Altmühltal-Radweg und folgt entspannt dem Fluss. Nur einmal dreht sie noch eine Extrarunde nach Wolfsbronn. Dort besucht man im Wald die Steinerne Rinne, auf der ein Bach wie auf einer natürlichen Wasserrutsche ins Tal schießt. Zurück an der Altmühl steht ein Zwischenstopp im Dörfchen Graben auf dem Programm – benannt nach dem Karlsgraben, dessen Reste sich idyllisch erhalten haben. Kaiser Karl der Große wollte damit eine schiffbare Verbindung zwischen Schwarzem Meer und Nordsee schaffen. Das gelang allerdings erst im 19. Jahrhundert mit dem Ludwig-Donau-Main-Kanal. Die Radelnden lassen sich lieber wieder von der Altmühl den Weg vorgeben und genießen die letzten Kilometer gemütlichen Ausrollens, bevor sie den Ausgangspunkt am Treuchtlinger Kurpark wieder erreichen.

FAZIT: EINE FORDERNDE RADTOUR, DIE ABER MIT ZWEI SEEN, KUNST UND VIELEN EINKEHRMÖGLICHKEITEN BELOHNT.

Hin & weg: Bahnhof Treuchtlingen. Parken am Kurpark Treuchtlingen.

Beste Zeit: Im Sommer.

Dauer & Strecke: Ca. 6 Std. für 78 km ohne Einkehr und Abstecher an Hahnenkamm- und Altmühlsee.

Ausrüstung: Tourenrad oder E-Bike; ausreichend zu trinken und Snacks (wobei es unterwegs zahlreiche Einkehrmöglichkeiten gibt); evtl. Badesachen, GPX-Track.

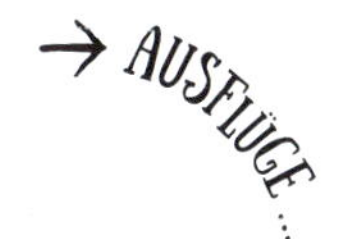

LIEBLINGS-PLÄTZCHEN IM SOMMER

#34

Der Kratzmühlsee bei Kinding gehört einfach zum Altmühltal-Sommer dazu. Im dortigen Erholungs- und Freizeit–zentrum stehen alle Zeichen auf Familien-zeit mit Schwimmen, Bootfahren und Abenteuergolf.

#mitAnlaufinsWasser #kraulenmitKarpfen #AbschlagmitAusblick

Alles an Bord! Am Kratzmühlsee können Ruder- und Tretboote ausgeliehen werden.

Wie der Name schon vermuten lässt, befindet sich die sommerliche Oase des Kratzmühlsees bei einer alten Mühle. Längst ist diese stillgelegt, aber das große Mühlrad am Eingang des Campingplatzes weist unübersehbar auf die Geschichte des weitläufigen Areals hin.

Zum Freizeit- und Erholungszentrum wurde es in den 1970er-Jahren, als der Badesee angelegt wurde. Dass sein Wasser nicht von Natur aus zum Schwimmen einlädt, ist heute kaum mehr zu bemerken, denn er fügt sich wunderbar in die Landschaft ein. Am Ufer führt ein rund zwei Kilometer langer Spazierweg entlang. Unterwegs sucht man sich einfach sein Lieblingsplätzchen und breitet die Picknickdecke aus. Ob in der Sonne oder im Schatten der Bäume: Rund um den See gibt es allerhand Liegemöglichkeiten, an denen man den Sommertag auskosten und von wo aus man zur Abkühlung ins Wasser hüpfen kann.

Gerade Familien bietet der Kratzmühlsee jede Menge Annehmlichkeiten wie Spiel- und Bolzplätze, eine eigene Badezone für kleine Wasserratten, Umkleidekabinen und einen Sandstrand direkt am Seerestaurant (www.restaurant-kratzmuehle.de). Für Letzteres kommt man gerne aus dem Wasser und lässt sich zum Beispiel ein Stück der selbstgebackenen Kuchen und Torten schmecken. Extrazuckerl: das Seepanorama, das man auf der Terrasse genießt! Vielleicht sieht man ja auch einen der riesigen Karpfen, die im kühlen Nass seelenruhig ihre Runde drehen und sich von Schwimmenden ebenso wenig stören lassen wie von Stand-up-Paddler:innen oder Booten. Tret- und Ruderboote können übrigens genau wie die SUP-Boards direkt vor Ort ausgeliehen werden (gegen Gebühr).

Ein großer Spaß gerade mit Kindern ist außerdem die Abenteuer-Golfanlage direkt neben dem Seerestaurant. Mit Blick auf den See warten dort jede Menge Spielaufgaben. Da

---

Hin & weg: Vom Bahnhof Kinding (Altmühltal) 6,8 km mit dem Rad zum Kratzmühlsee. Alternativ Rufbusverbindung mit VGI-Flexi zwischen Bahnhof und See (Fahrt vorher buchen, www.invg.de/VGI-Flexi). Großer Parkplatz direkt am Kratzmühlsee (gebührenpflichtig).

Beste Zeit: Im Sommer.

Dauer & Strecke: Ca. 0,5 Std. für 1,8 km. Mit Baden, Bootfahren und Minigolf ein Tagesausflug.

Ausrüstung: Badesachen, Sonnenschutz und Picknickdecke.

Als Freizeitzentrum bietet der Kratzmühlsee auch ein schönes See-Café mit Blick aufs Wassers. Gleich daneben lockt das Abenteuer-Minigolf.

wird der Ball vorbei an Dinosauriern und durch ein Knochenfeld bugsiert, über Holzstege und Brücken balanciert und geschickt durchs Wasserrad gespielt. Danach lohnt sich noch ein Abstecher zum Technikdenkmal des alten Stauwehrs an der Altmühl neben dem See. Fällt der Besuch an der Kratzmühl auf einen Sonntag, hat zusätzlich das Technikmuseum in der ehemaligen Mühlenanlage geöffnet - samt historischen Autos und Traktoren, den Werkstätten von Schuster, Schneider oder Messerschmied und einer laufender Wasserturbine von 1928 (www.museen-anno-dazumal.de).

FAZIT: DER KRATZMÜHLSEE IST EIN KLASSIKER IM ALTMÜHLTAL-SOMMER UND GEHT EINFACH IMMER.

GENUSS-TRIATHLON

... rund um Kloster Weltenburg

Diese Eskapade durch den sonnigen Herbst bringt drei entspannte Disziplinen zusammen: Radeln am Donauufer, eine Fahrt mit einer traditionellen Zille durch das Naturschauspiel des Donaudurchbruchs und Bierglas-Stemmen in der ältesten Klosterbrauerei der Welt.

Zillen sind die traditionellen Boote der Donaufischer. Sie kreuzen durch den Donaudurchbruch und legen direkt am Biergarten von Kloster Weltenburg an.

Der Donaudurchbruch bei Kelheim! Was für ein Naturschauspiel! Doch halt – zum Start der Klostertour in Bad Gögging stellt sich zunächst ein anderes Flüsschen vor: Es geht durch die Auenlandschaft der Abens. Wer nach den ersten sechs Kilometern Durst verspürt, legt an ihrer Mündung in die Donau eine Pause im Biergarten an der Fähre Eining (biergarten-eining.de) ein. Zwischen Eining und Hienheim auf der anderen Donauseite pendelt mehrmals pro Tag eine Seilfähre mithilfe der Strömung über den Fluss. Für die Klostertour muss man die Dienste des Fährmanns allerdings nicht in Anspruch nehmen: Sie bleibt auf der Einінger Uferseite.

Ab jetzt übernimmt die Donau. Die Route folgt ihr auf einem breiten Feldweg, dann wird's für etwa drei Kilometer holpriger. Dafür verläuft sie direkt am Donauufer, inklusive kleinen Kiesstränden und verwunschenem Wald. Kurz vor Weltenburg wird der Weg deutlich besser und schon hält er – während es an einer weiteren Seilfähre vorbeigeht – auf die Benediktinerabtei Weltenburg zu (www.kloster-weltenburg.de). Bevor man sich Bayerns ältestes Kloster genauer anschaut, ist Zeit für ein Nationales Naturmonument. Diese Auszeichnung trägt der Donaudurchbruch, an dessen Eingang das Kloster liegt. In der Weltenburger Enge strömt der Fluss auf fünf Kilometern zwischen

Am Strand Steine übers Wasser springen lassen, den Felswänden des Donaudurchbruchs ganz nah kommen und bei der Radtour Schäfchen zählen: Das ist bei dieser Tour kein Problem.

Felswänden hindurch, die bis zu 70 Meter hoch in den Himmel ragen. Geschaffen hat das alles die Urdonau, als sie sich vor rund 200 000 Jahren durch das Kalkgestein fräste und so das Bett der heutigen Donau schuf.

Hin & weg: Vom Bahnhof Neustadt an der Donau fährt in der Saison am Wochenende und an Feiertagen der Freizeitbus mit Fahrradanhänger nach Bad Gögging (www.naturpark-altmuehltal.de/anreise-und-verkehr/freizeitbus). Parken kann man in der Heiligenstädter Straße in Bad Gögging.

Beste Zeit: Im sonnigen Herbst.

Dauer & Strecke: Radtour ca. 1,45 Std. für 25 km. Fahrt durch den Donaudurchbruch mit der Zille ca. 20 Min. Mit Biergarten und Besichtigung sollte man einen halben Tag einplanen.

Ausrüstung: Fahrrad, das auch fürs Gelände geeignet ist; GPX-Track (die Route ist nicht vollständig ausgeschildert).

Am eindrucksvollsten zeigt sich das Naturschauspiel bei einer Schifffahrt - entweder mit dem Ausflugsschiff oder mit der Zille, dem traditionellen Boot der Donaufischer. Für diese Tour ist die Zille ideal: In rund 20 Minuten schippert man durch den Donaudurchbruch und bekommt von Bootsmann oder Bootsfrau die Besonderheiten der Felsen ringsum erklärt. Am Kiesstrand testet man außerdem seine Fähigkeiten im Steine-übers-Wasser-hüpfen-lassen und hält nach kleinen Muscheln Ausschau.

Danach steht endlich die Einkehr in den Biergarten der ältesten noch bestehenden Klosterbrauerei der Welt auf dem Plan, wo man mit Weltenburger Barock Dunkel anstößt (www.weltenburger.de). An warmen Tagen kann es hier allerdings ziemlich trubelig werden.

Bevor man sich wieder auf den Sattel schwingt, lohnt sich der Blick in die barocke Klosterkirche oder ins Besucherzentrum im Felsenkeller. Eine kleine Verdauungspause schadet nicht, denn auf dem Rückweg sind zwei langgezogene Steigungen zu bewältigen. Sie führen über Holzharlanden und Sandharlanden, wo im Frühling der Spargel wächst und gedeiht. Auch jetzt im Herbst radelt es sich hübsch und dann vor allem fast nur noch bergab zurück zum Ausgangspunkt in Bad Gögging.

FAZIT: DONAUDURCHBRUCH UND KLOSTER WELTENBURG GEHÖREN ZU DEN ABSOLUTEN HÖHEPUNKTEN IM NATURPARK UND SIND IN KOMBI MIT RADTOUR UND ZILLENFAHRT EIN GENUSS.

WACHSENDE PFLANZEN-POWER

#36

Auf dem Böhmfelder Kräuterweg wächst das Wissen! Die kurze Tour steckt voller Infos zu Wildkräutern, die sowohl als Heilmittel als auch in der Küche Verwendung finden. Von Letzterem überzeugt man sich bei der Einkehr im Kräuterwirtshaus und beim Besuch im Jura-Bauernhof-Museum Hofstetten.

#zuFußzumBeifuß #SchmerzmittelvomBaum #gibtsdasauchmitGiersch

Einmal Wildkräutersüppchen und Dinkelbaguette mit Gierschcreme, bitte! Oder doch lieber Forelle mit Brennesselspinat? Und warum überhaupt »oder«? Appetit auf Kräuter macht die Speisekarte im Gasthaus Beckerwirt (gasthaus-beckerwirt.de), wo der Böhmfelder Kräuterweg startet, auf jeden Fall. Doch bevor man sich den kulinarischen Ge-

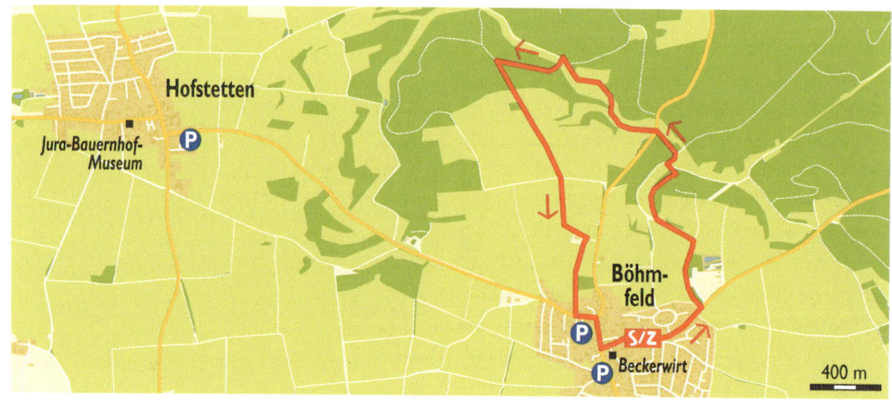

Im Böhmfelder Katzental und im Jura-Bauernhof-Museum Hofstetten kommt man den Geheimnissen der Kräuter auf die Spur.

nüssen hingibt, wird erst noch ein bisschen gewandert. Dafür geht es aus dem Ort hinaus und hinein ins Katzental, ein für den Naturpark Altmühltal typisches Trockental, in dem Niederschläge schnell im Boden versickern. Hier fühlen sich Pflanzen wohl, die gut Hitze und Trockenheit vertragen. Genau da kommen die Wildkräuter ins Spiel. Laut einer Infotafel sind in dieser Gegend echte Südländer wie Thymian oder Majoran zu Hause. Auch nicht so geläufige Gewächse stellen sich vor: gestatten, der Kriechende Günsel. Das Kräutersammeln sollte man sich allerdings verkneifen, denn es besteht immer Verwechslungsgefahr mit giftigen Pflanzen. Wer auf Nummer sicher gehen will, schließt sich einer geführten Böhmfelder Kräuterwanderung an.

Im herbstlichen Katzental kriecht nicht nur der Günsel, auch zum Wandern ist es wirklich hübsch. Auf dem flachen Talgrund wächst Gras, die Hecken zwischen den Felsen hängen voller Schlehen und Holunderbeeren und die Blüten von Wegwarte oder Wiesenflockenblume setzen farbige Akzente. Der Weg führt noch zu vier weiteren Infotafeln. Da geht es unter anderem um Kräuter mit Zaubermächten oder warum Bier in früheren Zeiten ein Aphrodisiakum war. Nach etwa 2,5 Kilometern verlässt der Kräuterweg den Talgrund und verläuft durch Wald und Flur zurück nach Böhmfeld. Jetzt hat man sich aber wirklich die stärkende Einkehr beim Beckerwirt verdient, denn noch ist dieser Ausflug nicht zu Ende.

Mit dem Auto fährt man anschließend zum Jura-Bauernhof-Museum im Nachbardorf Hofstetten (www.naturpark-altmuehltal.de/jura-bauernhof-museum). Das dauert zwar nur knapp fünf Minuten, fühlt sich aber wie eine Zeitreise an: Das Museum dokumentiert das bäuerliche Leben zwischen 1910 und 1930. Dazu gehören die originale Einrichtung des historischen Hofs, die Rauchküche, viele landwirtschaftliche Geräte und vor allem ein über 200 Jahre alter Bauerngarten. Anders als die wilden Kräuter im Katzental werden Basilikum, Dill, Liebstöckel, Petersilie & Co. liebevoll gehegt und gepflegt. Dass auch Bohnen, Erbsen, Mangold und Meerrettich sowie jede Menge Blumen gedeihen, verleiht dem Museumsbesuch besondere Würze.

FAZIT: WER KRÄUTER LIEBT UND GERNE KOCHT (UND ISST), BLÜHT HIER AUF.

Hin & weg: Parken in Böhmfeld beim Beckerwirt oder am Kotterhof und in Hofstetten am Jura-Bauernhof-Museum.

Beste Zeit: Von Frühjahr bis Herbst. Perfekt, um die letzten Sommersonnenstrahlen einzufangen. Ab Ende Oktober hat das Jura-Bauernhof-Museum geschlossen.

Dauer & Strecke: Ca. 1,5 Std. für 5,7 km. Mit Einkehr und Museumsbesuch einen halben Tag einplanen.

Ausrüstung: Hunger auf Pflanzenwissen.

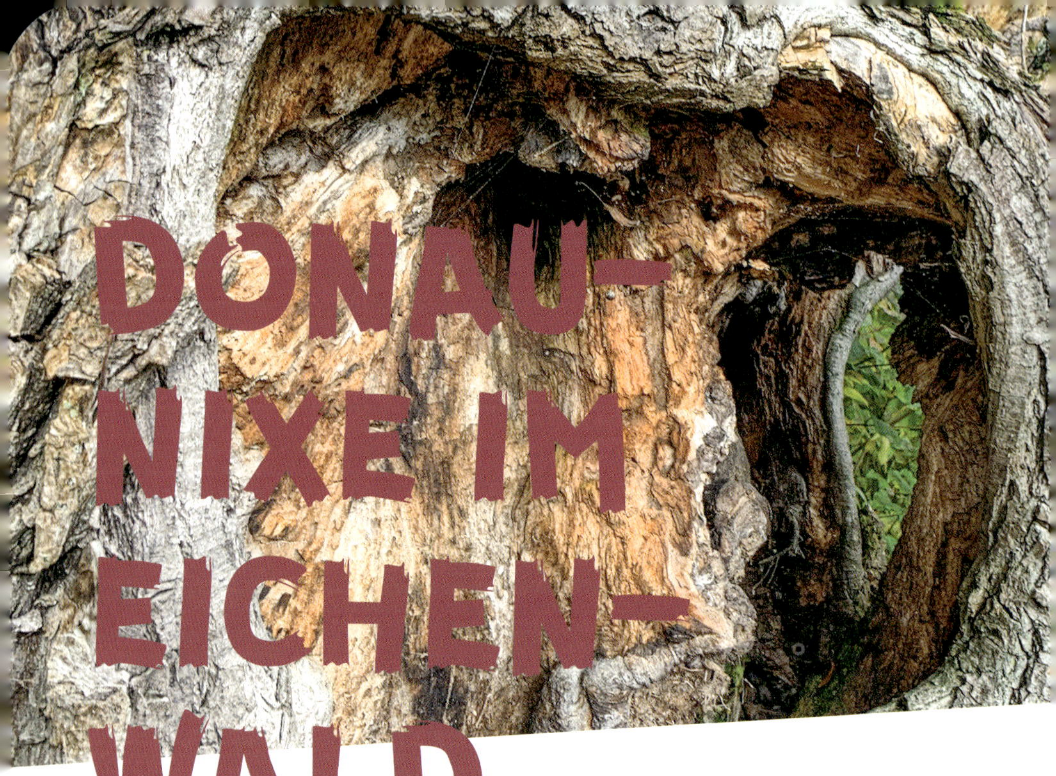

DONAU-NIXE IM EICHEN-WALD

... auf der Großen Auenrunde ums Jagdschloss Grünau

#37

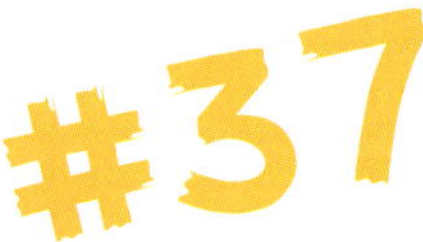

Es ist so eine Sache, wenn Mensch und Natur aufeinandertreffen. Gerade in den vergangenen Jahrhunderten nahm das für die Ursprünglichkeit der Natur meist kein gutes Ende. Dass es auch anders geht, zeigt die Große Auenrunde zwischen Neuburg an der Donau und Ingolstadt.

#zurückzurNatur #BaumfruchtmitHütchen #imReichdesWasserfürsten

Der Donau-Auwald zwischen Neuburg an der Donau und Ingolstadt ist wie geschaffen für eine Radtour – bester Blick aufs Wasser inklusive.

Im Lauf der Jahrhunderte wurde die Donau über große Strecken reguliert und begradigt, damit die angrenzenden Auen als Acker- und Siedlungsflächen genutzt werden konnten. Das aber zerstörte den Lebensraum von vielen Tieren und Pflanzen. Zwischen Neuburg an der Donau und Ingolstadt wurde mit einem der größten Auendynamisierungsprojekte in Mitteleuropa dem Fluss wieder etwas von seiner Ursprünglichkeit zurückgegeben.

Aktive freut das doppelt: Erstens ist es immer schön, eben am Fluss entlangzuradeln, und zweitens ist der Wald – übrigens einer der bedeutendsten Auwälder an der deutschen Donau – gerade in den Farben des Herbstes ein Erlebnis. Wer nicht mindestens eine Handvoll perfekt geformter Eicheln samt Hütchen und Stiel für die Herbstdeko vom Weg aufsammelt, ist für seine Disziplin zu beneiden. Unterwegs erklären Infotafeln, was das Besondere

am Auwald ist und warum er darüber hinaus zum Hochwasser- und Grundwasserschutz beiträgt. Noch eingehender stellt das die Ausstellung im Auenzentrum im Jagdschloss Grünau dar (www.auenzentrum-neuburg-ingolstadt.de), das gleich zu Beginn der Tour auf dem Weg liegt: Hier errät man Wassergeräusche oder spielt am Landschaftsmodell Wettergott und überflutet die Donauaue.

Für die Radtour ist es natürlich besser, wenn der Weg einigermaßen trocken ist. Zunächst geht es zur Staustufe Bergheim – ein deutliches Beispiel dafür, wie der Mensch in den Fluss eingegriffen hat. Ist die Donau überquert, nimmt der Auwald den Weg in sich auf. Ab jetzt rollt es sich wie von selbst am Ufer entlang, wo mächtige Eichen ihre Zweige ins Wasser hängen lassen. Der Blick auf die Donau hat etwas Hypnotisches. Damit scheinen die vielen Geschichten, die sich um verführerische Donaunixen oder verborgene Paläste am Grund des Flusses ranken, gleich etwas realer. Entspannt nähert man sich so

---

Hin & weg: Vom Bahnhof Rohrenfeld mit dem Rad 10 Min. bis zum Jagdschloss Grünau. Alternativ Start am Bahnhof Weichering. Parken kann man am Jagdschloss Grünau.

Beste Zeit: Frühjahr bis Herbst. Besonders schön, wenn der Auwald herbstlich gefärbt ist. Das Auenzentrum macht ab Ende Oktober Winterpause.

Dauer & Strecke: Radtour ca. 2,5 Std. für 30,6 km inkl. Zeit für die Infotafeln. Mit Pausen und Besuch des Auenzentrums einen halben Tag einplanen.

Ausrüstung: Fahrrad, das auch Schotterwege mag; GPX-Track fürs Handy (die Route ist nicht vollständig ausgeschildert); Brotzeit und Getränke.

Im Herbst ist der Weg durch den Auwald an der Donau übersät mit unzähligen Eichelhütchen. Was das Besondere dieses Waldes ist, zeigt ein Besuch des Auenzentrums im Jagdschloss Grünau.

der Staustufe Ingolstadt als Wendepunkt des Wegs - aber nicht, ohne vorher ein Stück am Baggersee entlangzufahren und eine Kaffeepause im Bootshaus des Ingolstädter Ruderclubs einzulegen. Direkt an der Staustufe befindet sich der Donaupavillon: ein kleiner Ausstellungsraum, der über die Dynamisierung der Donauauen informiert.

Auch auf dem Rückweg verläuft der Weg parallel zur Donau, nur nicht mehr ganz so nah wie auf dem ersten Teil. Ist die Staustufe überquert, radelt man noch ein Stück am Damm entlang. Dann nimmt man Kurs zwischen Wald und Feldern nach Weichering, wo im Landgasthof Vogelsang (www.landgasthof-vogelsang.de) eine weitere Gelegenheit zur Einkehr besteht, und fährt schließlich zurück zum Jagdschloss Grünau. Im Herbst können Radel und Radlerwaden durchaus ein paar Schlammspritzer abbekommen haben, aber das nimmt man gerne in Kauf - als Gruß von der Donaunixe.

FAZIT: EINE RUNDE, AUF DER SICH DER AUWALD AN DER DONAU VON SEINER SCHÖNSTEN SEITE ZEIGT.

KARLS KÖNIG-LICHER TRAUM

... zwischen Treuchtlingen und Weißenburg

Kaiser Karl der Große, die heilige Gunthildis und ein güldener Ritter sind die Weggefährten bei dieser Eskapade, die von Weißenburg aus eine schöne Runde durch Schambachtal und Stadtwald beschreibt.

#immeramGraben #güldenerGenuss #göttlichesSchneckenhaus

Einmal pumpen bitte: Der Brunnen steht direkt auf der Europäischen Wasserscheide.

Eines kann vorab verraten werden: Wasser spielt die Hauptrolle bei dieser Radtour! Das erste Mal zeigt es sich gleich beim Start am Weißenburger Seeweiher, der Teil der Stadtmauer ist. Dann verabschieden sich die historischen Bauten und die Route folgt dem Bahndamm. Anfangs liegen links und rechts noch Industrie- und Gewerbegebiete, danach wird es aber ländlich-idyllisch. Für den ersten Stopp sorgt ein auf den ersten Blick unscheinbarer, aber »wegweisender« Brunnen. Genau hier verläuft nämlich die Europäische Hauptwasserscheide. Sie entscheidet, ob das Wasser – vom Bächlein bis zum großen Strom – zur Nordsee oder zum Schwarzen Meer hin fließt. Natürlich ist die Wasserscheide keine gestrichelte Linie im Gelände. Damit man sie sich besser vorstellen kann, heißt es: pumpen! Und schon teilt sich das Brunnenwasser nach links und rechts auf.

Nachdem man dem Wasser noch einen Gruß ans Meer mitgegeben hat, dauert es nicht lange bis zum Dörfchen Graben. Dessen Attraktion ist – ein Graben! Genauer gesagt die Fossa Carolina, der Traum von Kaiser Karl dem Großen. Auch hier geht es um Nordsee und Schwarzes Meer, zwischen denen Karl vor über 1200 Jahren eine schiffbare Verbindung herstellen wollte. Die Lage des heutigen Dorfs schien ihm ideal, da sich dort die Flusssysteme von Donau und Main sehr nahe kommen. Der Kaiser plante einen Kanal von drei Kilometern Länge, aber Probleme mit dem Untergrund sowie schlechtes Wetter machten ihm einen Strich durch die Rechnung. In Graben hat sich von der Fossa Carolina eine etwa 350 Meter lange Wasserfläche erhalten.

Danach führt die Tour auf Treuchtlingen zu, knickt jedoch vorher in die Talaue des Schambachrieds ein. Wem jetzt der Hunger am Magen zupft, freut sich auf den Gasthof Zum Güldenen Ritter in Schambach, der dort auf den Grundmauern einer alten Burg thront (www.zum-gueldenen-ritter.de). In den historischen Räumlichkeiten oder im Biergarten lässt sich glänzend Pause machen. Frisch gestärkt schwingt man sich wieder auf den Sattel und

---

Hin & weg: Bahnhof Weißenburg. Parken am Seeweiher-Parkplatz.

Beste Zeit: Frühling bis Herbst. An einem warmen Herbsttag einfach traumhaft.

Dauer & Strecke: Ca. 2 Std. für 25,1 km. Mit Stopps und Einkehr ein halber Tag.

Ausrüstung: Tourenrad, GPX-Track fürs Handy.

Die Gunthildiskapelle erinnert an einen Ammoniten, das »Wappentier« des Naturparks Altmühltal. Auch das Altmühltaler Lamm gehört zur Tour, die am Weißenburger Seeweiher startet und endet.

genießt das schöne Wegstück entlang der Schambach. Es führt direkt zur St. Gunthildiskapelle, auch Schneckenhaus Gottes genannt. Diese stammt aus den 1990er-Jahren, als Wallfahrtsstation hat der Ort aber eine viel längere Geschichte, wie frühmittelalterliche Mauerreste belegen.

Kurz vor Suffersheim heißt es Abschied nehmen von der Schambach und kräftig Luft holen: Nun folgt der einzige, allerdings lange Anstieg der Route. Dafür spendet der Weißenburger Stadtwald angenehmen Schatten. Wenn die letzten Höhenmeter geschafft sind, geht es rasant hinunter zum Ausgangspunkt in Weißenburg. Wer wissen will, was sich noch alles mit dem Wasser aus dem Naturpark Altmühltal anstellen lässt – die Einkehrmöglichkeiten der Stadt geben mit den regionalen Bieren gerne süffige Nachhilfe.

FAZIT: AUF DIESER BIS AUF EINEN ANSTIEG EBENEN TOUR ERZÄHLT DAS WASSER DIE SCHÖNSTEN GESCHICHTEN.

EIN BACH IM HOCHBETT

#39

Auf der Schlaufe 4 des Altmühltal-Panoramawegs zeigt sich die Natur als tuffiger Baumeister: Die Runde über den Hahnenkamm macht Station an zwei steinernen Rinnen und damit an Quellen, die sich in Millimeterarbeit Jahr für Jahr höher legen.

#tuffigeNatur #wachsendeSteine #aufdemHohlweg #KatisKapelle

Der Hechlinger Hohlweg wurde vom Wasser geschaffen, das sich ins Gestein gegraben hat.

Die steinerne Rinne bei Wolfsbronn bildet den Auftakt dieser Tour. Bevor man der eigentlichen Schlaufe 4 folgt, geht es vom Parkplatz aus auf einen Abstecher zu dem 128 Meter langen Naturschauspiel. Das Quellwasser bahnt sich nicht in einem Bachbett den Weg ins Tal, sondern auf einem bis zu 1,6 Meter hohen Kalksockel. Möglich macht das der hohe Kalkgehalt dieser Karstquelle. Tritt sie aus dem Felsen an die Oberfläche, lagert sich Kalk ab. So entsteht ein Damm aus Kalktuff, der immer weiter nach oben wächst – bis zu zwei Zentimeter im Jahr. Allerdings sind solche steinernen Rinnen auch sehr empfindlich: Also am besten einfach auf dem Pfad bleiben und genießen, wenn das Wasser durch die schmale moosbewachsene Rinne schießt.

Mit derartigen Eindrücken im Gepäck startet die eigentliche Tour und es geht fast eben dahin: über die offenen Fluren des Hahnenkamms, vorbei am Dürrenberg und entlang eines interaktiven Umwelterlebnispfads – samt einem Hain der Besinnung und einer »verkehrten Welt«. Die Wandernden aber machen alles richtig und marschieren auf der Schlaufe 4 hinunter ins Tal zur zweiten steinernen Rinne. Sie ist mit etwa zehn Metern Länge und 30 Zentimetern Höhe eher ein kleines Exemplar, doch

---

Hin & weg: Die nächsten Bahnhöfe sind in Gunzenhausen und Treuchtlingen. Von dort gibt es Busverbindungen des VGN (außer Sonntag) nach Heidenheim; dann die Tour einfach in Heidenheim starten (www.vgn.de). Ein Parkplatz befindet sich oberhalb der steinernen Rinne bei Wolfsbronn.

Beste Zeit: Im Herbst, denn da ist der Wald am schönsten.

Dauer & Strecke: Ca. 5,5 Std. für 17,3 km.

Ausrüstung: Wanderschuhe, Wanderstöcke und etwas Kondition.

Der Blick vom Kapellenberg zeigt Hechlingen am See und den Hahnenkammsee.

sie wächst ja noch! Wer bei ihrem Plätschern Durst bekommt: Nach Hechlingen am See und damit zu einer möglichen Einkehr im Forellenhof ist es nicht mehr weit (www.forellenhof-hechlingen.de).

Dass das Wasser im Hahnenkamm nicht nur Rinnen, sondern auch herrliche Wanderwege baut, zeigt sich auf dem stetig ansteigenden Hechlinger Hohlweg. Bis zu neun Meter tief hat er sich auf dem Kapellenberg ins Gestein gegraben und über Jahrtausende das fortgespült, was das Wasser selbst, Menschen, Vieh und Fuhrwerke vom Boden lösten. Beliebt war der Hohlweg schon immer – spätestens, seit Mitte des 15. Jahrhunderts auf dem Kapellenberg die Katharinenkapelle errichtet wurde. Ihre Ruine ist das nächste Ziel, ein mystischer Ort inmitten der für die Region charakteristischen Trockenrasenflächen mit ihren Enzianen, Silberdisteln und Schafherden. Und dann erst der Blick: eine herrliche Rundumsicht auf den Hahnenkammsee, auf Hechlingen und die Hügel des Hahnenkamms! Danach geht es bergan bis auf den Efferaberg als höchstem Punkt der Route. Nun ist Durchatmen angesagt. Auf den letzten Kilometern durch den Wald und über die Hochfläche läuft die Schlaufe sanft wieder ihrem Ausgangspunkt entgegen.

FAZIT: DAS WASSER ZEIGT SICH HIER ALS DAMM- UND WEGEBAUER UND FÜHRT ZU EINEM HERRLICHEN AUSBLICK AN EINEM MYSTISCHEN ORT.

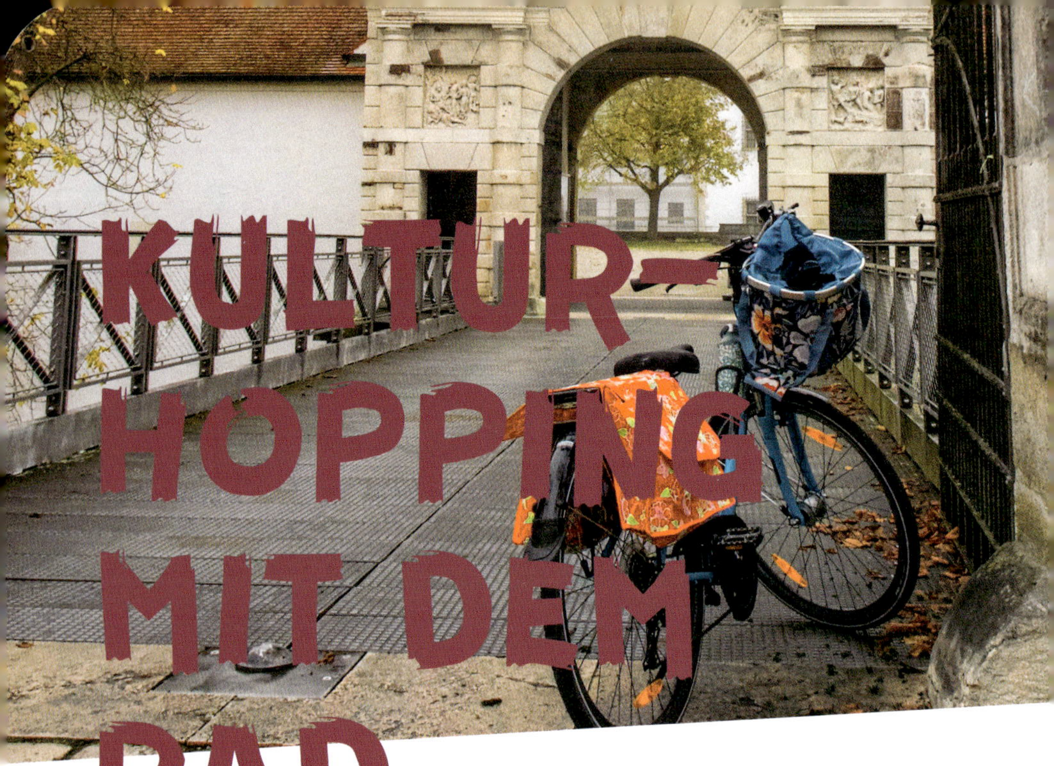

KULTUR-HOPPING MIT DEM RAD

... auf der Museumstour durch Ingolstadt

#40

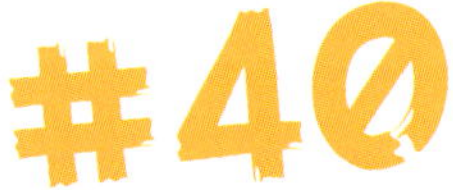

Diese Radtour macht auch dann richtig Spaß, wenn im Herbst der Donau-Nebel zu Gast ist. Er taucht Ingolstadt in eine watteweiche, manchmal etwas unheimliche Stimmung. Und da man unterwegs sogar auf Frankenstein persönlich trifft, passt das hervorragend zusammen.

#aktivzurKunst #KanonenundKonkretes #GiftpflanzenzumKaffee

Mit dem Rad geht's von einer Kulturstation zur nächsten, etwa zum Bayerischen Armeemuseum (links) oder ins Deutsche Medizinhistorische Museum – samt Seziertisch.

Neun Museen liegen auf der durchgängig ebenen Strecke. Sie alle zu besuchen wäre ein kultureller Overkill. Realistisch sind maximal drei Museen. Los geht's an einem Ingolstädter Wahrzeichen: Im Hof des Neuen Schlosses stimmen die Löwenköpfe mächtiger Kanonen ein auf das Bayerische Armeemuseum (www.armeemuseum.de), das sich den vielen Arten der Kriegsführung widmet. Von dort sind es keine fünf Minuten bis zum Lechner Museum (www.lechner-museum.de). Es präsentiert das Lebenswerk Alf Lechners, einem der bedeutendsten Stahlbildhauer des 20. Jahrhunderts. Danach wird ein Stück geradelt. Der Weg durchs Piusviertel ist nicht der schönste, dafür wartet am Ende das Audi museum mobile, das die Unternehmensgeschichte der Audi AG genauso thematisiert wie die Entwicklung des Automobilbaus (www.audi.de > Audi Welt > Foren > Audi Forum Ingolstadt).

Im Anschluss geht es in den Grüngürtel rund um die Altstadt. Dieses Glacis diente als Schussfeld der bayerischen Landesfestung Ingolstadt, hat aber schon lange die Funktion eines Bürgerparks. Nur die Festungsbauten sind geblieben. In einem solchen – dem Kavalier Hepp – befindet sich das Stadtmuseum samt Exponaten wie dem Ingolstädter Bernstein-Collier oder dem ausgestopften Schimmel des

Schwedenkönigs Gustav Adolf (zentrumstadtgeschichte.ingolstadt.de/Stadtmuseum). Vorbei am Kreuztor – einem weiteren Wahrzeichen der Stadt – radelt man zum Deutschen Medizinhistorischen Museum in der Alten Anatomie der einstigen Ingolstädter Universität (www.dmm-ingolstadt.de). Hier reist man in die hochspannende medizinische Welt des 18. Jahrhunderts, für die man angesichts von Aderlass und Amputation durchaus starke Nerven braucht. Auch der berühmteste Student Ingolstadts ist zugegen: Victor Frankenstein! Mary Shelley ließ ihre weltberühmte Romanfigur in Ingolstadt studieren und dort ihre berühmte Kreatur zum Leben erwecken. Zur Beruhigung bietet sich der Besuch im Museumscafé mit Blick auf den Arzneipflanzengarten an.

Gemütlich radelt man danach über und an der Donau entlang in eine fast noch dörfliche Ecke Ingolstadts. Das passt zur nächsten Station, dem Bauerngerätemuseum Hundszell (zentrumstadtgeschichte.ingolstadt.de/Bauerngerätemuseum). Der Rückweg Richtung Innenstadt gestaltet sich ebenso entspannt. Vor

---

Hin & weg: Vom Hauptbahnhof Ingolstadt sind es ca. 3 km bis zum Ausgangspunkt. Parken kann man am Theater Ingolstadt.

Beste Zeit: Perfekt für Kulturgenuss im Herbst. Am besten noch im Oktober, denn das Bauerngerätemuseum macht ab November Winterpause.

Dauer & Strecke: Reine Fahrzeit ca. 1,5 Std. für 21 km. Je nach Anzahl der Museumsbesuche ein halber bis ganzer Tag.

Ausrüstung: Verbundkarte der Museen der Stadt Ingolstadt, Rad, GPX-Track (keine durchgängige Beschilderung).

Legenden der Straße im Audi museum mobile, dörfliches Leben im Bauerngerätemuseum und ein Cappuccino mit Blick auf den Garten der Anatomie: Auf dieser Tour hat man viele kulturelle Möglichkeiten.

der Donau biegt man noch in den Klenzepark ab, der mit dem Museum des Ersten Weltkriegs im Reduit Tilly und dem Bayerischen Polizeimuseum im Turm Triva aufwartet (Infos zu beiden Museen unter www.armeemuseum.de). Am anderen Donauufer bildet das Museum für Konkrete Kunst und Design die letzte Station der Tour (www.mkk-ingolstadt.de) – zumindest bis voraussichtlich 2025. Derzeit entsteht hinter dem Neuen Schloss ein neues Zuhause für die großformatigen Objekte des Museums, dessen Ausstellungsfläche sich damit verfünffacht.

FAZIT: EINE GEMÜTLICHE RADTOUR UND EIN WILDER RITT DURCH KUNST- UND KULTUREPOCHEN MIT JEDER MENGE MUSEALER ÜBERRASCHUNGEN.

GRILL BILL

ANSTOßEN MIT SÜFFIGEM AUSBLICK

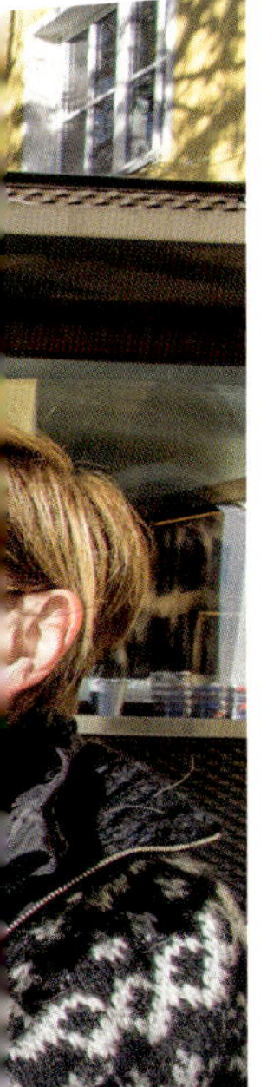

... auf Tour zur Neumarkter Biervielfalt

#41

Es gibt Wanderwege, da sind Einkehrmöglichkeiten spärlich gestreut. Nicht so bei dieser Eskapade zur Neumarkter Biervielfalt. Hier ist die Fülle an Gasthöfen und Biergärten kaum zu schaffen – und dazu gesellen sich regionale Braukultur, tolle Ausblicke sowie eine beeindruckende Burgruine.

#nadannProst #flüssigesGold #Einkehrschwung #trinkmich

Unterhalb der Ruine Wolfstein breitet sich Neumarkt aus. Der Blick reicht weiter über das Tal bis hinüber zu den Zeugenbergen.

Beim Thema Bier ist Neumarkt in der Oberpfalz stark vertreten. Vier Brauereien gibt es in der Stadt, die teils auf eine jahrhundertelange Tradition zurückblicken. Einheitsbier wird nicht ausgeschenkt, stattdessen kommen Öko- und Landbier, Weizen, Helles oder Rotbier ins Glas. Da passt es wunderbar, dass diese Wanderroute direkt am Neumarkter Bahnhof beginnt. Wer mit dem Zug anreist, kann sich mit gutem Gewissen durch die hiesige Biervielfalt kosten. Das Markierungszeichen der Route, eine sauber eingeschenkte Maß Bier, führt nämlich schon nach rund fünf Minuten zur Start-Einkehr im Oberen Ganskeller (www.oberergans-keller.de). Die angebotenen Biere stammen von der alteingesessenen Gansbrauerei.

Warm wird es Wandernden danach auch beim stufenreichen Aufstieg zur Wallfahrtskirche Mariahilf. Dafür ist der Ausblick von der Kirche über die Stadt und die dahinter liegenden Zeugenberge herrlich. Die Route bleibt auf dem Berg und führt nach Höhenberg, wo praktischerweise mit dem Hotel Schönblick (www.tagungshotel-schoenblick.de) und dem AlmRefugio (www.almrefugio.de) gleich die nächsten Einkehrmöglichkeiten warten. Ist das Dörfchen durchquert, geht es durch den Wald zu einem ehemaligen Steinbruch, den sich die Natur zurückerobert hat. Wald und Wiesen bleiben der Tour treu, die jetzt dem weithin sichtbaren Wahrzeichen Neumarkts entgegensteuert: der Burgruine Wolfstein. Erstmals 1120 erwähnt, thront das Bauwerk samt Burggraben, Zwinger, Bergfried und Kastenhaus hoch über der Stadt – Panorama inklusive.

Die Burg läutet nicht nur den Abstieg Richtung Neumarkt, sondern auch ein besonders schönes Wegstück mit Station an Wanderliege und Krähentisch-Felsen ein. Steil geht es den Hang hinab, dabei steigt die Vorfreude auf die Einkehr im Berghotel Sammüller (www.sammueller.de), wo es sich mit bestem

---

Hin & weg: Bahnhof Neumarkt in der Oberpfalz. Dort gibt es auch Parkplätze.

Beste Zeit: Frühjahr bis Herbst. Perfekt, um an den letzten schönen Herbsttagen noch einmal die Biergarten-Kultur zu zelebrieren.

Dauer & Strecke: Ca. 5 Std. für 16,4 km (ohne Einkehr).

Ausrüstung: Feste Schuhe, evtl. Wanderstöcke, Zeit zur Einkehr und Bierdurst.

Gelegenheit zur Einkehr, um eines der Neumarkter Biere zu probieren, gibt es unterwegs viele. Aber auch in der Natur – hier zwischen Höhenberg und der Burgruine Wolfstein – lässt es sich hervorragend Pause machen.

Ausblick fein essen lässt und natürlich auch Neumarkter Biere ausgeschenkt werden – zum Beispiel von der Lammsbräu, einer Pionierin der Biobiere in Europa. Zwar sind schon bald die ersten Häuser unten in der Stadt erreicht, aber die Tour dreht noch eine Runde und zeigt die grüne Seite Neumarkts: Vorbei am Riedelweiher wandert man zum markanten Fachwerkbau des Brauerei Gasthofs Blomenhof (das historische Flair im Inneren ist beeindruckend und die Biere aus der Hausbrauerei sind ein Genuss; www.blomenhof.de). Entlang des Ludwig-Donau-Main-Kanals erreicht der Weg das ehemalige Landesgartenschaugelände und folgt der Schwarzach in die Altstadt. Dort bieten sich zum Abschluss jede Menge Einkehrmöglichkeiten wie das Bräustübl der Glossnerbräu, die vierte im süffigen Quartett der Neumarkter Brauereien (glossner.de/neumarkter-braeustuebl).

FAZIT: EIN TOLLER WEG, AUSBLICKE UND ERFRISCHENDE BIERE – WANDERHERZ, WAS WILLST DU MEHR?

DEN LEGIONÄREN LAUSCHEN

... auf der Magistrale rund um Pfünz

#42

Diese Eskapade wandelt auf den Spuren der Geschichte: Rund um Pfünz und Pietenfeld begegnet man Legionären im Römerkastell und genießt währenddessen die Stimmung an der winterlichen Altmühl.

#beimJupiter #Glitzerwiesen #nächsteAusfahrtGeschichte #Altmühlwinter

Das Legionärsdenkmal bei Pfünz stimmt auf diese Geschichtstour ein, die auf einer ehemaligen Römerstraße und entlang der Altmühl verläuft.

Wo man auch hinkommt – die Römer waren schon da! Kein Wunder, denn im Zentrum dieser Route steht eine alte Römerstraße im Hinterland des Obergermanisch-Raetischen Limes. Sie verband als Hauptverkehrslinie (Magistrale) Castra Vetoniana (das Kastell Pfünz) mit dem Vicus Scuttarensium (Nassenfels). Die Route I der Magistrale startet passend dazu kurz vor Pfünz an der Römerbrücke, unter der die winterliche Altmühl gurgelt. Doch der Name täuscht, die Brücke stammt aus dem Mittelalter. Das erfährt man an einer der Infotafeln, die alle historischen Stationen der Magistrale begleiten. In Pfünz selbst bleiben die Wandernden noch etwas im Mittelalter und werfen einen Blick in die Kirche St. Nikolaus. Dann biegen sie zum barocken Pfünzer Schloss ab, wo einst die Eichstätter Fürstbischöfe zur Sommerfrische weilten. Heute beherbergt es ein Jugendtagungshaus. Der Schlosspark ist aber frei zugänglich, und es bietet sich eine Runde um den Weiher an –

vor allem, wenn das Eis im Licht des frühen Wintertags glitzert.

Danach übernehmen die Römer das Kommando: Steil steigt die Magistrale hinauf zum Kastell Vetoniana. Über 450 Fußsoldaten sowie mehr als 120 Reiter versahen hier ab circa 90 nach Christus ihren Dienst, bis die Anlage

---

Hin & weg: Vom Bahnhof Eichstätt Stadt gibt es eine Busverbindung nach Pfünz. An der Römerbrücke Pfünz befindet sich ein Wanderparkplatz.

Beste Zeit: Im ganzen Jahr möglich, aber in der Wintersonne besonders schön.

Dauer & Strecke: Ca. 4,5 Std. für 11,9 km mit Besichtigung der Kirchen und des Römerkastells.

Ausrüstung: Feste Schuhe, warme Kleidung, Lust auf Geschichte, Smartphone.

Die alte Römerstraße führt direkt zum teilrekonstruierten Kastell Vetoniana. In Landershofen tragen einige Häuser noch die schweren Legschieferdächer.

um die Mitte des dritten Jahrhunderts zerstört wurde. Trotzdem sind die Zeitreisenden den Legionären ganz nah, denn Teile des Kastells wurden wiederaufgebaut. Im einen der Kastelltürme trifft man zwei Soldaten in voller Bewaffnung. Sie sitzen allerdings ganz friedlich und bewegungslos in ihrer nachgebauten Wachstube. Bei Ausgrabungen am Kastell fanden Archäologen zudem einen Tempel, der dem Soldatengott Jupiter Dolichenus gewidmet war. Wie es darin ausgesehen hat, erzählt ein Legionär: dafür einfach an der Infotafel den QR-Code zum Kinderaudioguide scannen, der für Erwachsene ebenfalls nett anzuhören ist.

Nach dem Kastell folgt die Magistrale der fast schnurgeraden Römerstraße bergauf durch den Wald nach Pietenfeld. Dort wird an einer weiteren Audioguide-Station die Technik des römischen Straßenbaus erklärt. Die Route macht nun einen Schlenker durchs Dorf zur Kirche St. Michael, gleichzeitig der Wendepunkt der Rundtour. Nach Pietenfeld geht es zwischen Feldern und am Waldrand zunächst noch bergan, dann führt der Weg abwärts bis zur Altmühl. In Landershofen schaut man noch kurz an der romanischen Kirche vorbei und folgt im Anschluss gemütlich der Altmühl zurück nach Pfünz – mit weitem Blick ins Tal und auf die leicht mit Schnee überzuckerten Wacholderheiden.

FAZIT: DAS EXTRA AN GESCHICHTE SORGT AUF DIESER TOUR ENTSPANNT FÜR NEUES WISSEN. ABSOLUTES HIGHLIGHT IST DAS KASTELL!

3. KAPITEL MINIURLAUB

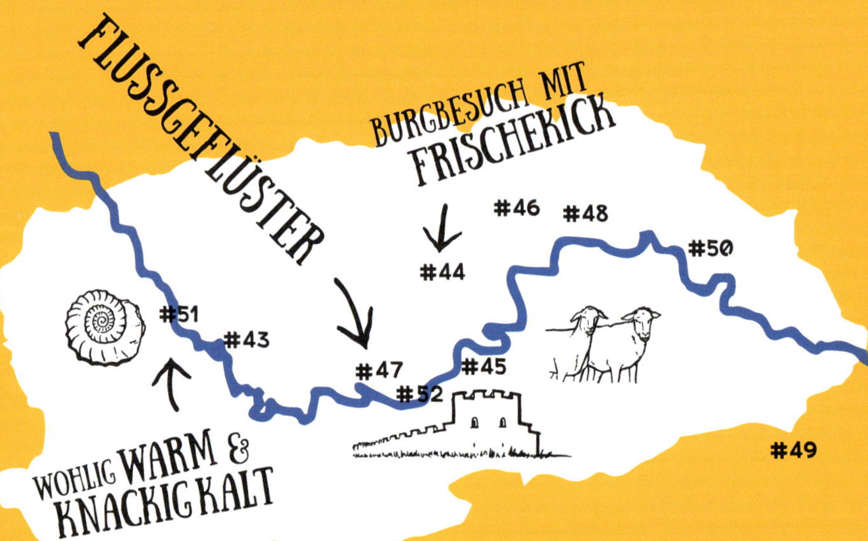

Ferien für ein Wochenende

36H

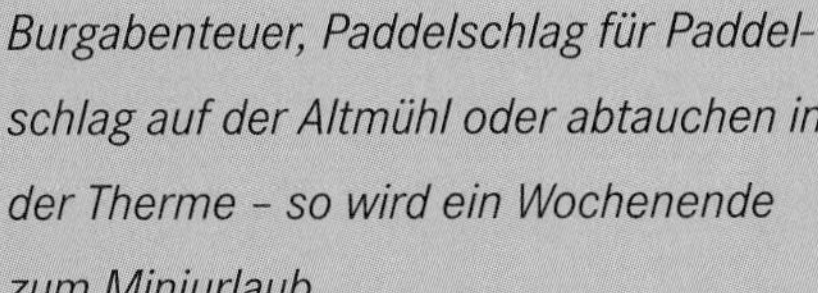

Burgabenteuer, Paddelschlag für Paddelschlag auf der Altmühl oder abtauchen in der Therme – so wird ein Wochenende zum Miniurlaub.

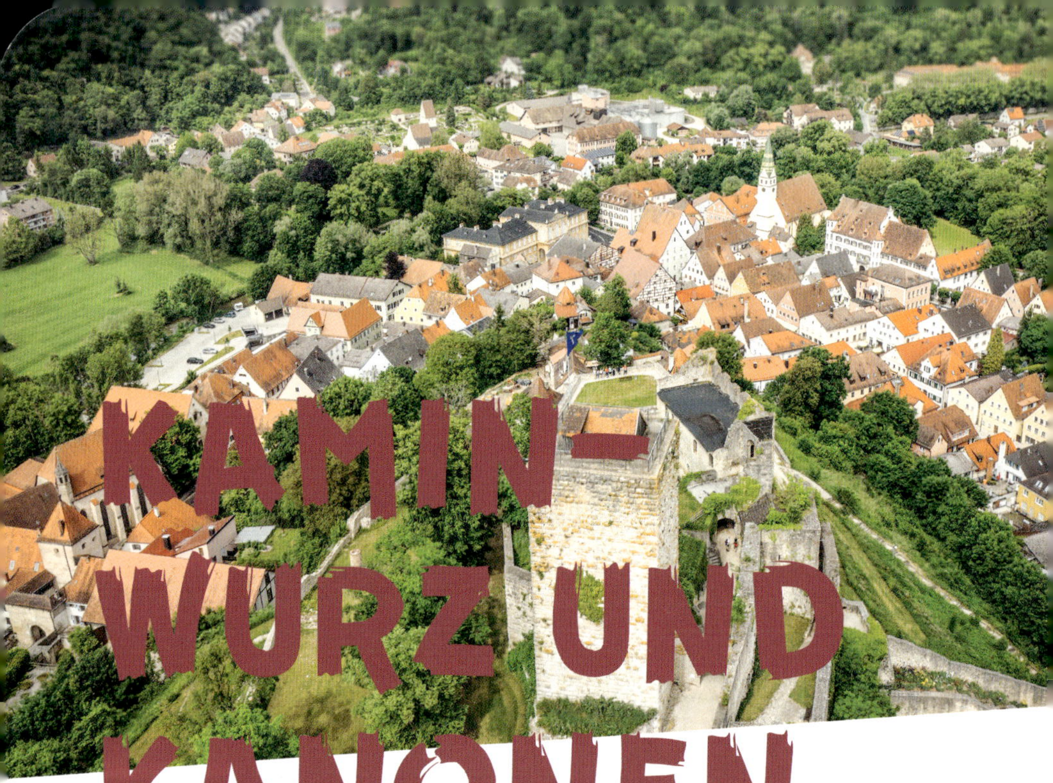

KAMINWURZ UND KANONEN

… in Pappenheim

#43

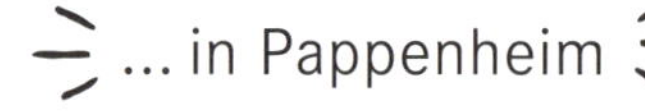

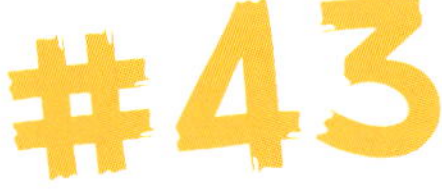

»Daran erkenn' ich meine Pappenheimer«, lobt Schillers Wallenstein seine tapferen Kampfgefährten. Doch keine Sorge, für dieses Wochenende braucht es keine Literatur-Kenntnisse. Lust auf Geschichte und auf eine Wanderung mit Abstecher in die fränkische Braukultur darf aber auf jeden Fall ins Gepäck.

#hierröhrtderHirsch #deftigesHandtäschchen #WindindenWeiden

Burg Pappenheim überragt die gleichnamige Stadt an der Altmühl – am Flussufer grünt die Weidenkirche.

Von wo hat man den besten Blick über Pappenheim? Von der Burg natürlich! Bevor man aber zu ihr hinaufsteigt, holt man sich in der Tourist-Information oder in der Metzgerei Wörlein seine (vorbestellte) Picknick-Tasche: gefüllt mit Backwerk und Deftigem – von der Bauernbratwurst bis zur Kaminwurzen (gibt's auch in einer fleischfreien Käse-Variante).

Auf der Burg angekommen, vergeht der Vormittag wie im Flug: samt Blick in die sternengeschmückte Burgkapelle, Grusel in der Folterkammer und Spaziergang auf dem Kanonenweg. Ein historisches Museum sowie ein Natur- und Jagdmuseum, in dem auf Knopfdruck Hirsche röhren und Füchse keckern, gehören ebenso dazu.

Entweder lässt man sich das Picknick gleich auf der Burg schmecken oder man schlendert über den Dr.-Kraft-Weg und die Klosterstraße wieder zurück in die Altstadt. Dort sprudelt am Altmühlufer eiskaltes Wasser durch eine Kneipp-Anlage, auf deren Steinstufen die Brotzeit ebenfalls hervorragend mundet. Wenn es noch mehr Erfrischung sein darf, dann nichts wie ab ins weitläufige Pappenheimer Freibad. Wer am Nachmittag lieber auf dem Trockenen bleibt, schlendert zum jüdischen Friedhof oder zur karolingischen

Gallus-Kirche. Besonders schön ist die Weidenkirche: Im Frühling erstrahlt sie im frischen Grün der Zweige.

Am nächsten Morgen ist Weißenburg das Ziel einer ausgedehnten Wanderung. Da die Route nicht einheitlich beschildert ist, lohnt sich der GPX-Track auf dem Handy. Das wird auch beim ersten Zwischenstopp gezückt, dann allerdings fürs Foto: Am Aussichtspavillon zeigen sich Burg und Altmühl von ihrer schönsten Seite.

Mal feine regionale Küche, mal deftige Brotzeit: Dieses Wochenende schmeckt. So gestärkt wandert man unter anderem zum jüdischen Friedhof und zur Weißenburger Stadtmauer.

Zwischen Feldern, Wiesen und Wald geht's gemütlich dahin, bis sich der Weg hinunter ins Schambachtal schlängelt. An der ammonitenförmigen Gunthildis-Kapelle ist schon mehr als die Hälfte der Tour nach Weißenburg geschafft. Die Stadt verfügt zwar über viel römisches Erbe – mit der gefassten Quelle des Römerbrunnens, die unterwegs aus dem Boden sprudelt, hatten die Legionäre aber nur der Sage nach etwas zu tun.

Auch zu einem erfrischenden Seidla, der fränkischen »Einheit« für einen halben Liter Bier, ist es nicht mehr weit. Kurz vor Weißenburg lockt der Araunerskeller. Er ist einer der für Franken typischen Felsenkeller, in denen früher im Sommer das Bier kühl gelagert wurde. Praktischerweise wurde das Bier gleich an Ort und Stelle »auf'm Keller« ausgeschenkt und damit eine bis heute heißgeliebte Tradition geboren.

Beschwingt wird das letzte Stück in Angriff genommen: Die Weißenburger Stadtmauer zeigt bestens, wie sich die ehemalige freie Reichsstadt verteidigte. Heute empfängt sie ihre Gäste mit offenen Armen – Gastfreundschaft, die man unbedingt kennenlernen und genießen sollte , bevor der Zug die Wandernden zurück nach Pappenheim bringt.

Hin & weg: Bahnhof Pappenheim. Parken (auch für Wohnmobile) in der Schützenstraße am Pappenheimer Volksfestplatz; für die Wanderung: Zugverbindung zwischen Weißenburg und Pappenheim, Schließfächer für die Gepäckaufbewahrung in der Tourist-Information Pappenheim.

Beste Zeit: April bis Oktober, im Winter machen die Burgmuseen und der Araunerskeller Pause; das Freibad hat ab Mai geöffnet.

Dauer & Strecke: Wanderung zwischen Pappenheim und Weißenburg ca. 6 Std. für 17,6 km (ohne Pausen).

Ausrüstung: Pappenheimer Picknick-Tasche (einen Tag vorher in der Tourist-Information oder direkt bei der Metzgerei Wörlein in Pappenheim vorbestellen), Wanderschuhe, GPX-Track.

Wenn es Nacht wird: Im Hotel-Gasthof zur Sonne (www.sonne-pappenheim.de) schläft und isst es sich hervorragend – gekocht wird kreativ mit regionalen Zutaten.

FAZIT: EIN GENUSSVOLLES WOCHENENDE MIT EINER AUSBLICKREICHEN TOUR UND EINEM SEIDLA BIERKULTUR.

RÖMER, RITTER UND RUINEN

#44

Mehr Geschichte an einem Wochenende geht kaum: Diese zwei Touren durch das Anlautertal rund um Titting und Kinding laden ein zum Rendezvous mit Römern und Rittern und garnieren das Treffen mit Weitblicken, Wacholderheiden und eiskalter Erfrischung.

#rundeEcken #blaueBrunnen #Grenzerfahrung #wachamWachturm

Vom rekonstruierten Wachturm in Erkertshofen haben die Wandernden die römische Geschichte im Blick.

Mit dem Ritter- und Römerweg steht am ersten Tag eine etwas längere, aber abwechslungsreiche Route auf dem Programm. Gleich nach dem Start am Tittinger Rathaus geht's steil hinauf auf die Wacholderheide. Dreht man sich hier um, erlebt man den ersten von vielen Ausblicken auf das Anlautertal.

Danach folgt ein märchenhaftes Wegstück: Wie einsame Kämpfer erheben sich knorrige, vom Wind gebeutelte Föhren. Unten im Tal überquert der Weg bei Emsing den Morsbach, der sich windungsreich dahinschlängelt. Ihn begleiten die Wandernden ein Stück, dann steigen sie bergan und steuern auf Altdorf zu, das sich für eine Einkehr anbietet. Am Ende des Dorfes plätschert der Blaubrunnen. Angeblich ist diese Karstquelle noch nie versiegt – es ist herrlich, die Füße in ihrem eiskalten Wasser abzukühlen. Die Quelle ist auch namensgebend für die Burgruine Brunneck, die nach einem kurzen steilen Anstieg erreicht ist.

Noch weiter zurück in die Geschichte führt der nächste Abschnitt. Es geht an den Resten des römischen Limes entlang. Die Tour kreuzt unter anderem einen rekonstruierten römischen Wachturm aus Stein. Danach gelangt man über Erkertshofen wieder zurück nach Titting.

Die zweite Tour des Wochenendes startet in Enkering. Normalerweise wäre der Burgenweg im Anlautertal 18 Kilometer lang, aber verkürzte 12,8 Kilometer sollen heute reichen. Gleich zu Beginn wartet nämlich der steile Aufstieg zur Ruine der Rumburg. Dort genießt man einen fantastischen Ausblick.

Noch kurz geht's bergauf, dann hält sich der Weg gemütlich am Waldrand und wird von

---

Hin & weg: Nächster Bahnhof: Kinding (Altmühltal), von dort Bus nach Enkering/Titting (nicht sonntags) oder VGI Flexi (nur nach Enkering). Parken in Enkering am oder gegenüber vom Hotel-Gasthof zum Bräu, Parken in Titting am Brauereiweg (Ortseingang).

Beste Zeit: Frühling, Sommer oder Herbst – diese Routen passen immer!

Dauer & Strecke: Ritter- und Römerweg ca. 6 Std. für 18 km (ohne Pausen), Burgenweg ca. 4 Std. für 12,8 km (ohne Pausen).

Ausrüstung: Wanderschuhe, Wanderstöcke und Lust auf Geschichte.

Wenn es Nacht wird: Im Hotel-Gasthof zum Bräu (www.hotel-zum-braeu.de) schlägt man in Enkering sein Basislager auf: Das Haus ist zertifiziert als »Qualitätsgastgeber Wanderbares Deutschland«.

Auch das Morsbachtal schenkt stille Naturmomente. Für Erfrischung sorgt die Anlauter, wie hier am Wasserspielplatz in Enkering.

Schmetterlingsschwärmen begleitet. Kurz vor Erlingshofen beginnt die Abkürzung. Den kurzen Abstecher zur Burgruine Rundeck kann man aber gerne noch mitnehmen, schon alleine wegen des Ausblicks. Unten im Tal wartet die ehemalige Wasserburg von Eibwang (den Schlenker nach Schafhausen spart eine weitere Abkürzung aus). Noch vorbei an der Schlößlmühle und schon ist wieder Enkering erreicht. Wer sich noch erfrischen will: Am Dorfrand macht der Wasserspielplatz Lust auf Schaukeln und Wasser-Pritscheln.

FAZIT: EIN WOCHENENDE – ZWEI SCHÖNE UND ABWECHSLUNGSREICHE ROUTEN, AUF DENEN ES SICH AKTIV IN DIE GESCHICHTE WANDERT.

PADDEL-TOUR INS JURAMEER

... zwischen Walting, Kipfenberg und Denkendorf

Eine Wochenend-Auszeit, die Familien auf Tour bringt! Von Walting aus paddeln sie im Kanu auf der Altmühl nach Kipfenberg und stehen am nächsten Tag Auge in Auge mit den Giganten der Urzeit. Doch keine Sorge: T. Rex & Co. geben sich im Dinosaurier Museum Altmühltal ganz friedlich.

#alleanBord #langsamistdasneueschnell #BrotzeitamHungerturm #TeenagerTRex

Die Altmühl ist ein entschleunigter Fluss. So hat man auch beim Paddeln Zeit, die Natur am Ufer zu beobachten.

Die Altmühl lässt es gemächlich angehen: Als Bayerns langsamster Fluss eignet sie sich besonders für eine Bootstour. Benötigte Vorkenntnisse im Paddeln? Keine! Und ein eigenes Kanu braucht man auch nicht. Dafür wendet man sich an die Bootsvermieter, von denen viele diese Tour im Angebot haben.

Bis zu zwei Erwachsene und zwei Kinder haben in den Booten Platz, die an der Einstiegstelle in Walting auf sie warten. Dazu gibt's eine Einweisung von den Paddel-Profis, Schwimmwesten und eine Kleidertonne, in der man alles verstaut, was nicht nass werden soll. Unbedingt mit an Bord muss Sonnenschutz für Haut und Kopf! Die Sonne hat durch das Wasser viel mehr Kraft als an Land. Dann wird auch schon gemütlich altmühlabwärts gepaddelt, vielleicht lässt sich sogar ein Biber blicken. Unübersehbar ist hingegen die Burgruine Rieshofen mit ihrem Hungerturm. Wenn sich nach ein paar weiteren Flusskurven der eigene Hunger regt, lohnt es sich, an der Entschleunigungsstation in Pfalzpaint anzulegen und bei Angelina's Altmühlrast einzukehren.

Wieder auf dem Wasser, zeigt sich das Altmühltal von seiner schönsten Seite: Am Ufer ziehen Wacholderheiden und die steile Arnsberger Leite vorbei. Sobald in der Ferne Burg

Kipfenberg zu erkennen ist, geht auch die Tour langsam zu Ende: Praktischerweise befindet sich der Bootsausstieg gleich nach dem Campingplatz Azur. Den Abend lässt man im Bistro mit Biergarten auf dem Platz ausklingen oder man kostet sich durch Kipfenberg – zum Beispiel in Bene's Burgermeisterei (www.benes-burger.de) am Marktplatz.

Der nächste Tag in Denkendorf steht im Zeichen einer Zeitreise, die bei Dino-Fans die Herzen höher schlagen lässt. Es geht im

---

Hin & weg: Nächster Bahnhof ist Kinding (Altmühltal), Busverbindung und Rufbus zwischen Kinding und Kipfenberg sowie zwischen Kipfenberg und dem Dinosaurier Museum Altmühltal. Parken in Walting am Bootseinstieg in der Inchinger Straße oder am Kipfenberger Bootseinstieg an der Altmühlbrücke; großer Parkplatz am Dinosaurier Museum Altmühltal.

Beste Zeit: An allen warmen Tagen zwischen Frühling und Herbst; im Sommer Wasserstand der Altmühl beachten.

Dauer & Strecke: Bootstour ca. 4 Std. für 15 km (ohne Pausen); der Rundweg im Dinosaurier Museum Altmühltal ist ca. 1,5 km lang, mit Spielstationen und Museum verbringt man hier problemlos einen halben Tag oder länger.

Ausrüstung: Reservierung für die Boote, Sonnenschutz und Kopfbedeckung, Wechsel- und Badekleidung, wasserfeste oder schnelltrocknende Schuhe, evtl. Zelt, Camper, Wohnwagen oder Wohnmobil.

Wenn es Nacht wird: Ideal für das Outdoor-Erlebnis ist Azur Camping in Kipfenberg (www.azur-camping.com) direkt an der Altmühl (mit Bootsausstieg). Wer nicht mit eigenem Zelt, Camper oder Wohnwagen anreist, hat die Wahl zwischen gemütlichen Camping Pods, Bike Lodges oder Glampingzelten.

–In Denkendorf zeigen sich Dinosaurier zu Wasser und zu Land ganz friedlich. Selig schlummert es sich in den Kipfenberger Camping Pods.

Dinosaurier Museum Altmühltal (www.dinosauriermuseum.de) durch 400 Millionen Jahre Erdgeschichte. Mehr zu dem rund 1,5 Kilometer langen Spazierweg durch den Wald erzählt die Extra-Eskapade #2, vorab nur so viel: Hier trifft man nicht nur Brachiosaurus und seine Urzeitkollegen, sondern läuft mit ihnen auch um die Wette oder sucht nach Millionen Jahre alten Haifischzähnen.

Im Seebistro oder im Waldbiergarten tankt man neue Kraft für die Museumshalle mit ihren beeindruckenden Exponaten: Vor den schwarzen Wänden strahlen weiß die Gebeine des gigantischen Flugsauriers »Dracula« oder von Teenager »Rocky«: Er ist weltweit das einzige Originalskelett eines jugendlichen Tyrannosaurus Rex. Nicht zu vergessen der Archaeopteryx: Alle bisher bekannten Exemplare dieses Urvogels wurden im Naturpark Altmühltal entdeckt. Viel einfacher zu finden sind da die vielen kleinen Spielzeug-Dinos im Museumsshop – vielleicht darf ja ein kleiner Taschen-T. Rex zur Erinnerung mit auf die Heimreise.

FAZIT: EIN WOCHENENDE AUF UND AM WASSER MIT RICHTIG SPASS. UND DER AUSFLUG ZU DEN DINOSAURIERN IST BEEINDRUCKEND UND VERSPIELT ZUGLEICH.

IM ZEICHEN DES KRUMM-STABS

... auf dem Wallfahrerweg zwischen Greding und Eichstätt 

Um auf dem Wallfahrerweg unterwegs zu sein, muss man nicht religiös sein. Das Einzige, was man braucht, ist Zeit für meditatives Wandern zwischen großen und kleinen Kirchen, jahrhundertealten Kreuzwegen, weiten Ausblicken und historischen Weidewäldern.

#alteKnochen #meditativeMeTime #himmlischesHeer #kreuzundquer

Eine meditative Route wie der Wallfahrerweg lässt die Wanderseele aufblühen – unterwegs zwischen Wiesen, kleinen Kirchen oder in der Gredinger Basilika.

»Unterm Krummstab ist gut leben«, hieß es früher in weiten Teilen des Naturparks Altmühltal. Gemeint ist der Stab der Eichstätter Fürstbischöfe, die lange die Geschicke der Region bestimmten. Ihr Erbe ist allein schon aufgrund der vielen Kirchen unübersehbar. Einige entwickelten sich zu bedeutenden Wallfahrtsorten, die Tausende von Pilgern anzogen. Deren Spuren folgt der Wallfahrerweg. Für ein sommerliches Wanderwochenende mit meditativer Me-Time bietet sich am ersten Tag die Teilstrecke zwischen Greding und dem Tittinger Ortsteil Altdorf an, denn unterwegs bietet viel Wald angenehmen Schatten. Gleich der Auftakt ist beeindruckend: Die romanische Martins-Basilika in Greding ist jedes Mittelalterromans würdig; in der Friedhofskapelle stapeln sich sogar menschliche Knochen. Auf dem Weg aus der Stadt ist noch die nahe Autobahn zu hören, aber schon im Kaisinger Tal breitet sich Stille aus. Obwohl: Richtig still ist die Natur nie und so begleitet Bachgemurmel und Vogelgezwitscher die Wandernden hinauf zur wildromantischen Hutung der Haunstetter Wacht, einem alten Weidewald mit stattlichen Eichen und Buchen.

Weiter führt der Weg nach Mettendorf mit der Wallfahrtskirche St. Johannes der Täufer und ins idyllische Heimbachtal. Heimbach selbst hat nur rund 40 Einwohner, aber mit dem Gasthaus Gmelch (www.gasthaus-gmelch.de) eine gute Einkehrmöglichkeit, in der das Holzofen-Brot noch selbst gebacken wird. Die Stärkung tut gut, denn steil geht's bergauf zum Euerwanger Bühl. Die Aussicht entschädigt für den schweißtreibenden Weg und was spricht schließlich gegen eine Pause bei Schmetterlingen und Wildbienen? Zwischen

---

Hin & weg: Nächster Bahnhof: Hilpoltstein, von dort mit dem Gredl-Express nach Greding (Mai bis Oktober, Sa., So. und feiertags, www.vgn.de); zurück ab Bahnhof Eichstätt Stadt. Parken: Leider gibt's am Wochenende keine geeignete Busverbindung. Wer nicht ein Auto in Greding (Altstadtparkplatz) und eines in Eichstätt (Volksfestplatz) abstellen will, fährt von Eichstätt nach Greding mit dem Taxi (ca. 40 km).

Beste Zeit: Im Sommer – für Schatten sorgt viel Wald.

Dauer & Strecke: Etappe Greding–Altdorf: ca. 7 Std. für 21,7 km; Etappe Altdorf–Eichstätt: ca. 5,5 Std. für 16,8 km (ohne Pausen)

Ausrüstung: Wanderschuhe, ausreichend Essen und Getränke, Zeit für meditatives Wandern, Spaß an Kunst- und Kulturgeschichte.

Wenn es Nacht wird: In Altdorf macht man es sich im urigen Gasthof Brunneck gemütlich und lässt sich eine deftige Brotzeit schmecken, viele Produkte stammen direkt vom Hof. Der Gasthof ist die einzige Gastronomie mit Übernachtungsmöglichkeit im Dorf; wer 1,6 km nach Emsing weiterwandert, hat dort die Wahl zwischen dem Wellness-Hotel Dirsch (www.hotel-dirsch.de) und dem Gasthof Martinsklause (www.titting.de/gastronomie).

Grotten und Friedhöfe laden zum Innehalten ein, heiße Füße kühlt der Altdorfer Blaubrunnen. Am Ende wartet die Eichstätter Schutzengelkirche mit barocker Pracht auf.

Feldern und im Wald wird weiter nach Erlingshofen zur Wallfahrtskirche Mariä Heimsuchung gewandert. Dort übernimmt der Lauf der anmutigen Anlauter die Führung bis zum Tagesziel Altdorf. Wem jetzt die Füße brennen: Am Dorfrand sprudelt der Blaubrunnen – also ab mit den Zehen ins eiskalte Quellwasser.

Der zweite Tag fordert nur zu Beginn mit einem längeren Anstieg. Für mehrere Kilometer ist dann meditatives Waldwandern angesagt, vorbei an Methusalem-Bäumen und Bildstöcken. Buchenhüll stellt mit seiner Wallfahrtskirche Mariä Himmelfahrt das nächste Zwischenziel dar. Noch schöner ist aber der Weg aus dem Dorf hinaus. Unter dem Blätterrascheln einer Lindenallee geht's einen Kreuzweg entlang, der zu den ältesten in Bayern gehört.

Jetzt trennt nur noch der Weiler Ziegelhof die Wanderer von Eichstätt. Steil führt der Weg ins Tal, garniert mit großartigen Blicken auf die Altstadt. Dort angekommen, haben die Wandernden die Wahl: ein Besuch bei den heiligen Geschwistern Walburga und Willibald in Kloster und Dom? Oder bei den 567 Engeln in der Schutzengelkirche? Ihr prachtvoller barocker Innenraum lädt dazu ein, die gesamte himmlische Schar zu zählen – oder einfach nur die besondere Stimmung zu genießen.

FAZIT: ETWAS AUSDAUER IST GEFRAGT, ABER DAFÜR ERHÄLT MAN JEDE MENGE ME-TIME, SAKRALE KUNSTSCHÄTZE UND ENTSPANNENDE LANDSCHAFT.

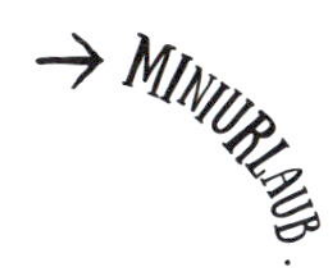

GENUSS ZWISCHEN FELS UND FLUSS

#47

Er ist der Klassiker schlechthin im Naturpark Altmühltal: Der Altmühltal-Radweg folgt fast durchgängig eben auf insgesamt 166 Kilometern seinem namensgebenden Fluss. Perfekt für ein Sommerwochenende: die Etappe zwischen Eichstätt und Treuchtlingen.

Eine zweitägige Radtour mit nur 44 Kilometern? So mancher mag diese Distanz belächeln, aber ums Kilometerfressen geht's an diesem Wochenende auch nicht. Stattdessen dient die Altmühl als Inspiration, die sich als langsamster Fluss Bayerns jeglicher Hektik entgegensetzt.

Gestartet wird am Eichstätter Stadtbahnhof. Davor lohnt sich der Abstecher in die barocke Altstadt. Wer samstags losradelt, kann sich am Wochenmarkt noch frischen Proviant in die Satteltasche packen. Dann vertrauen sich die Radelnden der Altmühl an, immer flussauf-

Auf dem Altmühltal-Radweg unterwegs zu sein ist herrlich. Aber genau so schön sind die Pausen: an der Bootsrutsche in Hagenacker, in der Dietfurter Enten Stub'n oder im Altmühlzentrum Dollnstein.

wärts vorbei an der trutzigen Willibaldsburg und am ehemaligen Kloster Rebdorf.

Ab Obereichstätt zeigt die Natur ihre dramatische Seite. Aus Wald und Wacholderheide schrauben sich markante Felsen in den Himmel. Ein besonders schönes Exemplar ist der Burgsteinfelsen vor Dollnstein. Wie er entstand und warum es so viele Burgen in der Region gibt, erklärt das Altmühlzentrum in der Dollnsteiner Vorburg.

Die Route bleibt an der Altmühl, die in großen Bögen durch ihr Tal mäandert. Wer Glück hat, kann in Hagenacker den Kanufahrenden zuschauen, wie sie mit Schwung die Bootsrutsche entern. Die Chancen stehen gut, dass man auch den Zeltplatz Hammermühle mit den Bootwandernden teilt: ein wunderbarer Ort, um die Nacht im Zelt oder in den gemütlichen Schäferwagen zu verbringen. Davor noch ein Sprung in die Altmühl und Abendessen im Biergarten, und der Tag ist perfekt.

Am nächsten Morgen schwingt sich der Radweg dem nächsten Naturschauspiel entgegen: den mächtigen Kalksteinfelsen der Zwölf Apostel, einst Riffe des urzeitlichen Jurameeres. Kurz steht eine Pause bei den urzeitlichen Bewohnern des Altmühltals im Museum Solnhofen auf dem Programm, inklusive weltberühmter Fossilien wie dem Urvogel Archaeopteryx. Danach steuern die Radfahrenden auf Pappenheim zu, das von seiner stolzen Burg überragt wird. Für deren Besuch muss man zwar den Radweg verlassen und bergauf, aber die Aussicht oder einen Blick in die Folterkammer sollte man sich nicht entgehen lassen. In Pappenheim lässt es sich auch gut einkehren. Oder man spart sich den Hunger noch auf für die Enten Stub'n (www.entenstube.de) im Dörfchen Dietfurt - der Kaiserschmarrn ist eine Sünde wert.

Jetzt ist es nur noch ein Katzensprung bis Treuchtlingen, wo der Tag ganz nach den eigenen Vorlieben ausklingt. Ein Abstecher in die Entdecker-Werkstatt im Museum Treuchtlingen, in dem Kinder in römische Gewänder schlüpfen? Oder abtauchen und entspannen im Wasser der Altmühltherme (www.altmuehltherme.de)? Action gibt's natürlich auch - zum Beispiel im Kletternetz über dem Wasser und auf den beiden rasanten Röhrenrutschen.

FAZIT: TIEFENENTSPANNTE FAMILIEN-RADTOUR MIT TOLLEN ZWISCHENSTOPPS IN NATUR UND GESCHICHTE.

Hin & weg: Bahnhöfe in Eichstätt Stadt und Treuchtlingen. Parken in Eichstätt am Volksfestplatz oder am Freiwasser, in Treuchtlingen am Volksfestplatz.

Beste Zeit: Von Frühling bis Herbst, im Sommer sehr angenehm, da die Tour fast eben ist.

Dauer & Strecke: Gesamtstrecke 43,8 km, Eichstätt-Hammermühle 21,5 km; Hammermühle-Treuchtlingen 22,3 km; reine Fahrzeit gesamt 3,5 Std.

Ausrüstung: Tourenrad, Schwimmsachen.

Wenn es Nacht wird: An der Hammermühle bei Mörnsheim (www.freizeitanlage-hammermuehle.de) schläft man im Schäferwagendorf wie ein Hirte; zwei Erwachsene und bis zu zwei Kinder haben in den gemütlichen Schäferwagen Platz (vorher reservieren) und die Räder können in Boxen sicher verstaut werden; Biergarten, Kiosk und Brötchenservice sind am Platz.

AKTIVER ERNTEDANK

… in Beilngries und Berching

Eine Warnung vorab: Die Energiebilanz dieser herbstlichen Eskapade ist nicht ausgeglichen! Zwar steht jede Menge Bewegung auf dem Programm, aber Beilngries und Berching sind kulinarisch eine einzige Versuchung, und der wird an diesem Wochenende ausgiebig nachgegeben.

#reiffürdenInselberg #LandschaftaufmTeller #köstlichesKloster

Zweimal entspanntes Outdoorerlebnis in Beilngries und Berching beim Radeln am Ludwig-Donau-Main-Kanal und beim Wandern auf den Arzberg.

→ MINIURLAUB …

Appetizer für dieses Wochenende ist die Sundowner-Tour auf den Beilngrieser Arzberg. Isoliert steht er mit seinem sechs Kilometer langen Rücken im Tal. Vor Urzeiten hing er noch mit dem gegenüberliegenden Hirschberg zusammen. Doch wie so oft im Naturpark Altmühltal ließ das Wasser seine Kräfte spielen: Urdonau und Sulz durchnagten die Verbindung ihrer Anhöhen und der Arzberg blieb als Inselberg stehen.

Über eben diese Sulz begibt man sich zu Beginn des Wanderwegs Nr. 5. Links erstreckt sich der Sulzpark. Seine Holzliegen sind verlockend, doch stattdessen ist die Wadenmuskulatur gefragt: Ein Waldpfad schlängelt sich aufs Arzberg-Hochplateau zu einem perfekten Panoramablick. Gemütlich geht's weiter bis zu einer Heide, wo der Waldlehrpfad die Sundowner in Empfang nimmt. Er begleitet die weitere Tour, die eine Runde über den Berg dreht und dann bequem wieder in die Stadt hinunterführt. Danach beweisen die Gastronomen, warum Beilngries immer für einen kulinarischen Ausflug gut ist. Sie kochen gerne mit regionalen und saisonalen Zutaten und die Wahl zwischen heimischem Lamm, Wild oder Fisch ist nicht einfach.

Gleichzeitig stimmt dies auf die Radtour am nächsten Tag ein. Ihre Länge ist überschaubar, verbindet aber Genussstation mit Genussstation (GPX-Track unterwegs lohnt sich). Als erste Wasserstraße begleitet der

Main-Donau-Kanal die Tour. Wie der Alltag auf dem Kanal aussieht, zeigt der Abstecher zur Erlebniswelt Wasserstraße in der Gößelthalmühle. Zurück am Kanal verläuft die Route eben am Wasser. Die Benediktinerabtei Plankstetten (www.kloster-plankstetten.de) stellt das nächste Zwischenziel dar. Hier ist es Zeit für einen Bummel durch den Klosterhofladen und ein zweites Frühstück: frisch und in Bioqualität aus klostereigener Bäckerei und Metzgerei.

Frisch gestärkt radelt man zurück an den Kanal, wechselt an der Schleuse Berching das Ufer und steuert die mittelalterliche Altstadt an – unbedingt einen Spaziergang auf dem Wehrgang einlegen! Für ein Extra an Kultur sorgt der Besuch im Museum Berching bei Christoph Willibald Gluck (www.berching.de):

Über Beilngries mit seinen markanten Kirchtürmen erhebt sich der Arzberg. Im Tal führt die Genusstour an zwei Kanälen nach Plankstetten und Berching, wo feine regionale Küche auf die Radler wartet.

Der große Opernreformator und Komponist stammt aus Berching. Genuss gibt's natürlich auch, denn in der Altstadt lässt es sich zum Beispiel in der Post (www.post-berching.de) hervorragend einkehren.

Nach Berching folgt die Tour dem historischen Ludwig-Donau-Main-Kanal, Vorgänger-Wasserstraße des heutigen Kanals. Allerdings lief ihm die Eisenbahn schnell den Rang ab. Geblieben ist das Industriedenkmal des alten Kanals, der dem gemütlichen Rückweg nach Beilngries noch eine malerische Note schenkt.

FAZIT: WANDERN UND RADELN ZU DEN SPEZIALITÄTEN DER REGION. GEMÜTLICHER GENUSS PUR.

Hin & weg: Parken am Beilngrieser Hallenbad oder direkt an der Unterkunft.

Beste Zeit: Im Herbst, wenn das Wetter noch warm genug zum Radeln und Wandern ist.

Dauer & Strecke: Wanderung ca. 2 Std. für 5,5 km; Radtour ca. 2 Std. für 22,9 km (ohne Besichtigungen und Einkehr).

Ausrüstung: Wanderschuhe, Rad für Teer- und Schotterwege, Appetit auf regionale Genüsse, evtl. Badesachen.

Wenn es Nacht wird: Zentral in der Beilngrieser Altstadt liegt das familiengeführte Hotel Die Gams (www.hotel-gams.de). Die Küche ist saisonal und orientiert sich an den Grundsätzen des Slow Foods, beide Touren starten vor der Haustür und das Spahaus mit beheiztem Dachpool sorgt für die Entspannung danach.

RÖMER-SPA AM »NASSEN LIMES«

... rund um Bad Gögging

#49

Sanus per aquam: Dass Wasser gesund macht, wussten schon die alten Römer. Nach einem Wochenende, das mit Entspannung in der Bad Gögginger Limes-Therme und einer Wanderung zum UNESCO-Welterbe Donaulimes lockt, stimmt man ihnen gerne zu.

#carpediem #schwitzenimWachturm #AufgussinderArena #Thermennymphen

Auch wenn im Herbst mal das Wasser von oben kommt, beeindrucken die Grundmauern des römischen Kastells Abusina. Zum Aufwärmen geht es dafür in die Bad Gögginger Limes-Therme.

Die Römer hatten ganz schön zu tun, um ihr riesiges Imperium zu schützen. Deshalb bauten sie den Limes – oder nutzten Flüsse als natürliche Grenze. Solch ein »nasser Limes« ist die Donau. In Bad Gögging, wo der Donaulimes seinen Anfang nimmt, taucht diese Eskapade in die römische Geschichte ein.

Für den aktiven Part sorgt die Römer-Schlaufe am Jurasteig. Hier wandert es sich mit wenigen Steigungen auch dann sehr schön, wenn herbstlicher Donaunebel durchs Tal wabert oder das Wetter etwas Nass von oben mitbringt. Praktisch für unterwegs ist die kostenlose Limes-mobil-App, mit der man kurze Filme, Storys und Bilder zur Hand hat (www.limeswelten.de/app).

Die Schlaufe startet am Bad Gögginger Hotel Eisvogel und führt zum Römischen Museum für Kur- und Badewesen im Ortskern: Genau hier erbaute Kaiser Trajan etwa 80 n. Chr. die ersten Bad Gögginger Badeanlagen für die Legionäre des nahen Kastells Abusina (das

Bereits die Römer nutzten Schwefel für die Gesundheit. In der Limes-Therme wird er ebenso wie Moor und Thermalwasser als Naturheilmittel eingesetzt.

Museum hat allerdings recht eingeschränkte Öffnungszeiten). Ab dem Ortsende verläuft die Route zwischen Feldern und Hopfengärten bis zum Fuß des Sandbergs. Gemächlich wandert man hinauf auf die langgezogene Kuppe der Sandharlandener Heide. Sand in den Wanderschuhen braucht man allerdings nicht zu fürchten: Den Sand, dem dieses artenreiche Naturschutzgebiet seinen Namen verdankt, haben bereits die Eiszeiten herbeigeweht und er ist längst Teil von Gestein und Erde.

Dann geht's hinunter an den »nassen Limes«. Die Route bleibt direkt an der Donau und bringt die Wandernden zum Biergarten an der Fähre Eining (www.biergarten-eining.de). Während man es sich bei Brotzeitbrettl und Bier gut gehen lässt, hat man die Eininger Seilfähre im Blick, die seit Jahrhunderten zwischen den Donauufern pendelt.

Die Römerschlaufe bleibt auf der Eininger Seite und steuert mit einem kurzen steilen Anstieg ihrem Höhepunkt entgegen: dem Kastell Abusina. Diese vollständig freigelegte römische Wehranlage zeigt eindrucksvoll, wie die Römer die Nordgrenze ihres Reiches sicherten. Danach begleiten Ausblicke auf Donau und Abens den Weg hinunter ins Tal, wo die Schlaufe entlang des Hochwasserdamms zurück nach Bad Gögging führt.

Auch der zweite Tag folgt den Spuren der römischen Legionäre, jetzt aber ganz entspannt in der Limes-Therme (www.limes-therme.de), deren Becken von gesundem Mineral-

---

Hin & weg: Nächster Bahnhof Neustadt an der Donau, viele Gastgeber bieten einen Abholservice an, alternativ mit Bus oder Rufbus KEXI (nicht sonntags) oder Taxi nach Bad Gögging. Parken am Hotel Eisvogel oder an der Limes-Therme.

Beste Zeit: Von Frühling bis Herbst, im Herbst ist die Kombination aus Wandern und Wellness besonders schön.

Dauer & Strecke: Wanderung etwa 4 Std. für 13,5 km; Zeit in der Therme nach Belieben.

Ausrüstung: Wanderschuhe, Badesachen, Saunatuch, Limes-mobil-App.

Wenn es Nacht wird: Das Vier-Sterne-Hotel Der Eisvogel (www.hotel-eisvogel.de) liegt direkt am Start des Wanderwegs und auch die Limes-Therme ist fußläufig nur eine Viertelstunde entfernt; auch das sehr schöne Hotel-SPA und das Eisvogel-Restaurant sind perfekt für eine Auszeit.

In Eining setzt wie schon seit Jahrhunderten die Seilfähre über die Donau. Die Römer hatten den Fluss bestens im Blick. Mehr darüber erfährt man im Römischen Museum in der Andreas-Kirche, auf deren Turm Störche nisten.

Thermalwasser gespeist werden. Auch Naturmoor und Schwefelwasser gehören zu den Naturheilmitteln Bad Göggings. Also nicht wundern, wenn einem Schwefel-»Duft« in die Nase steigt, während man zum Beispiel im Nymphäum vor sich hintreibt. Auf die Wirkung des Schwefelwassers schworen schließlich schon die Römer! Zur Abwechslung wird das Näschen dafür bei den Duft-Aufgüssen in der Arena-Sauna oder in der Medusa-Grotte verwöhnt. »Carpe diem« – die Römer wussten eben, wie!

FAZIT: GESCHICHTE, WANDERN UND WELLNESS IN EINEM »AUFGUSS« – PERFEKT FÜR EIN ENTSPANNTES WOCHENENDE AUF RÖMERSPUREN.

ARCHÄO-LOGISCHE ZEITREISE

... zwischen Dietfurt und Kelheim

Im Altmühltal auf Zeitreise zu gehen ist immer eine gute Idee – vor allem, wenn sie in eine schöne Radtour verpackt ist. Diese führt von Dietfurt aus vorbei an vielen archäologischen Stationen nach Kelheim, wo Befreiungshalle und Donaudurchbruch besondere Höhepunkte setzen.

Zwischen Dietfurt und Kelheim verbindet der Altmühltal-Radweg die Stationen des Archäologieparks, darunter den begehbaren Grabhügel (links) oder das Keltendorf Alcmona.

Neandertaler, Eiszeitjäger, Kelten: Sie alle waren im Naturpark Altmühltal zu Hause. Wobei die Kelten die langsam fließende Altmühl als »stilles Wasser« bezeichneten: *Alcmona* nannten sie den Fluss und so heißt auch das vorgeschichtliche Erlebnisdorf vor den Toren Dietfurts, wo diese Tour startet. Das Dorf gehört zum Archäologiepark Altmühltal, der sich mit seinen Rekonstruktionen, Audiostationen und Kunstinstallationen zwischen Kelheim und Dietfurt erstreckt. Die meisten Stationen sind jederzeit kostenfrei zugänglich und liegen direkt am Altmühltal-Radweg. Ein weiterer Vorteil: Da er schön eben ist, lässt man sich bei dieser aktiven Zeitreise ganz entspannt den Fahrtwind um die Nase wehen.

Zunächst führt die Route durch Dietfurt und vorbei am Wolfsberg, wo sich einst eine vorgeschichtliche Höhensiedlung befand. In Mühlbach trifft der Weg auf den Main-Donau-Kanal und rollt vorbei an mehreren Stationen – darunter ein »aufgeschnittener« Grabhügel – Richtung Riedenburg. Zeit für eine Pause: zum Beispiel in der Fasslwirtschaft am Kristallmuseum (www.kristallmuseum-riedenburg.de), in dessen Ausstellung die größte Bergkristallgruppe der Welt funkelt.

Der Main-Donau-Kanal führt nach Riedenburg (rechts) und nach Essing, das sich eng an die Felswand schmiegt. Ein Höhepunkt ist der Besuch der Befreiungshalle in Kelheim.

Kanalabwärts wird weitergeradelt: vorbei an einer Opferplattform der Bronzezeit, an Burg Prunn, der keltischen Schmiede bei Essing und durch das keltische Stadttor nach Kelheim, wo der Tag ausklingt. Am nächsten Morgen stehen zwei weitere Stationen auf dem Programm. Die erste führt zum Archäologischen Museum (www.archaeologisches-museum-kelheim.de), das unter anderem mit dem »Ruhrgebiet der Kelten« bekannt macht – einer riesigen Keltenstadt auf dem Kelheimer Michelsberg. Dieser ist das nächste Ziel,

---

Hin & weg: Parken am Parkplatz an der Schleuse Dietfurt; von Kelheim zum Kloster Weltenburg mit der Personenschifffahrt (www.schifffahrt-kelheim.de); zurück nach Dietfurt mit dem Freizeitbus, der an Samstagen, Sonn- und Feiertagen mit Fahrradanhänger zwischen Kelheim und Dietfurt verkehrt (www.naturpark-altmuehltal.de/anreise-und-verkehr/freizeitbus).

Beste Zeit: Von Frühjahr bis Herbst; die Schiffe durch den Donaudurchbruch sind von Mitte März bis Anfang November unterwegs, die Ludwigsbahn bis Anfang Oktober; im Herbst besonders schön, um noch einmal richtig Sonne zu tanken.

Dauer & Strecke: Radtour ca. 3. Std für 37 km, mit Pausen, Besichtigungen und Einkehr halber bis ganzer Tag; Stadttag in Kelheim nach Belieben.

Ausrüstung: Tourenrad für Teer- und Schotterwege, Zeit und Muße für Geschichte.

Wenn es Nacht wird: Einmal durchs mittelalterliche Stadttor und schon ist in Kelheim der Gasthof Weißes Lamm samt Restaurant erreicht (www.weisses-lamm-kelheim.de) – ideal gelegen für die Stadtentdeckung. Radelnde sind hier besonders willkommen und finden sichere und regengeschützte Unterstellplätze sowie Elektroaufladestationen.

Ein Spaziergang durch Kelheim nach dem Abendessen ist ein würdiger Abschluss für den ersten Tourtag.

und das nicht nur wegen der frühkeltischen Mauerrekonstruktion: Auf dem Berg thront die monumentale Befreiungshalle, in der sich 34 Siegesgöttinnen aus Marmor die Hände reichen. Da bereits der erste Tag recht »bewegt« war, bleibt das Rad unten in der Stadt. Den steilen Anstieg auf den Berg bewältigt stattdessen die schnuckelige Ludwigsbahn.

Auch abwärts zuckelt man wieder mit dem Minizug, dieses Mal bis zur Schiffsanlegestelle an der Donau. Von dort geht es mit dem Ausflugsschiff durch die Weltenburger Enge und damit durch ein beeindruckendes Naturschauspiel: Bis zu 80 Meter ragen die Felsen in den Himmel. An seinem Ende schmiegt sich das Kloster Weltenburg an den Kiesstrand. Unter riesigen Kastanien im Hof lockt der Biergarten der ältesten Klosterbrauerei der Welt zum Herbstsonne-Tanken, bevor einen das Schiff zurück nach Kelheim und ins Hier und Jetzt bringt.

FAZIT: EINE ENTSPANNTE ZEITREISE MIT DEM RAD UND EINEM EXTRA AN NATUR UND KULTUR.

GEGEN DEN WINTER-BLUES

Frischer Winterwind und warmes Thermalwasser vertreiben an diesem Wochenende trübe Stimmung. Einem aktiven Tag auf dem Treuchtlinger Mühlenweg folgt tiefe Entspannung in der Altmühltherme als Quelle purer Lebenslust.

#Baumkuscheln #Römerruinen #EinsteigenindenSaunabus

Der Damm beweist es: In der Auenlandschaft des Dietfurter Rieds ist der Biber am Werk.

Winterjacke, Mütze und Wanderschuhe – mehr braucht es nicht für den Mühlenweg rund um Treuchtlingen. Nach dem Start an der Stadthalle geht es einmal kurz über die

---

Hin & weg: Bahnhof Treuchtlingen. Parken direkt am Hotel oder an der Stadthalle bzw. der Altmühltherme.

Beste Zeit: Ganzjährig, im Winter ist die Kombination aus Wandern und Wellness aber besonders schön.

Dauer & Strecke: Wanderung 4 Std. für 12 km; Aufenthalt in der Therme nach Belieben.

Ausrüstung: Wanderschuhe, Wanderstöcke, warme Kleidung, Badesachen.

Wenn es Nacht wird: Im Hotel-Gästehof Stadthof (www.gaestehaus-stadthof.de) nächtigt man nicht nur in einem ehemaligen Gutshof, sondern hat auch nur ein paar Gehminuten bis zur Altmühltherme und zur Treuchtlinger Gastronomie wie etwa zu den Wallmüllerstuben (www.wallmuellerstuben.de).

Altmühl, dann führt er auch schon auf den Weinberg. Es geht an der Burgstallquelle vorbei, die die Altmühltherme speist, und durch ein schönes Stück Wald, in dem das Laub unter den Füßen raschelt. Infotafeln laden unterwegs unter anderem zur Baummeditation ein. Riesige Buchen wachsen hier – also keine Scheu vorm Baumkuscheln!

Zurück im Tal nimmt die Altmühl die Wandernden wieder in Empfang und führt sie hinüber in die Auenlandschaft des Dietfurter Rieds, wo fedriges Schilfrohr dem Winterwind trotzt: Dieses Biotop ist Biber-Revier. Falls sich der geschickte Baumeister nicht persönlich blicken lässt, seine Dämme und Biberburgen sind bestens erkennbar. Kurz über die Bundesstraße gehüpft und schon geht's durchs Dörfchen Dietfurt und dann am Albrandweg weiter. Danach folgt der steilste Anstieg der Tour. Oben herrscht kurze Irritation: Ist hier eine Burg explodiert? Direkt neben dem Weg türmen sich mächtige Steinblöcke. Aber keine Sorge, dies ist kein Kampfschauplatz aus »Herr der Ringe«, sondern ein ehemaliger Steinbruch.

Ziemlich steil führt der Weg wieder ins Tal hinab, wo die Schambach durch das gleichnamige Dorf rauscht. Zeit für eine Pause! Für die Freiluft-Brotzeit ist es deutlich zu frisch, also hinein in die warme Gaststube des Güldenen Ritters (www.zum-gueldenen-ritter.de).

Nach der Pause kreuzt die Tour das Naturschutzgebiet Schambachried und nimmt den Nagelberg in Angriff. Für den Rückweg nach Treuchtlingen muss man allerdings nur auf

Erst eine kurze Baummeditation, dann Natur, die sich einen ehemaligen Steinbruch zurückerobert, und schließlich Tortenträume im Museumscafé – so hat der Winterblues keine Chance.

halbe Hanghöhe – mit Blick auf die Mühlen im Tal, die Pate für den Weg standen. Kurz vor der Stadt warten noch als Überraschung die Grundmauern eines römischen Gutshofes. Für den Rest des Tages steht Sightseeing auf dem Programm: zum Beispiel im Museum Treuchtlingen (www.tourismus-treuchtlingen.de/museum). Absoluter Tipp: ein Stück hausgemachte Torte in Anja's Museumscafé (www.anjas-museumscafe.de).

Am nächsten Tag ist wohlige Wärme angesagt. Es geht in die Altmühltherme (am besten gleich morgens, da ist noch nicht so viel los, www.altmuehltherme.de). Das Thermalwasser lockert die Muskeln und im Strömungskanal treibt man direkt zur Wasserbar. Was man sich nicht entgehen lassen sollte, ist die Sauna – sogar mit Saunagang in einem umgebauten Schienenbus!

FAZIT: EINFACH ABSCHALTEN – MIT AKTIVEM FRISCHEKICK, THERMALWASSER UND HEIßEN SAUNAGÄNGEN.

BAROCKER WINTER-TRAUM

... in Eichstätt

#52

Mit seinen barocken Häusern sieht Eichstätt ein bisschen aus, als hätte ein Zuckerbäcker die Altstadt gestaltet – und mit etwas Schnee auf den Dächern ist sie umso schöner. Also nichts wie los: die Winter-Stadt erkunden, beim Urvogel vorbeischauen und zu eindrucksvoller Kunst wandern.

#MahnmalimSchnee #LustwandelnimHofgarten #ZeitreiseimAquarium

Sommerresidenz im Schnee und steinerner Wächter mit weißer Mütze: Das ist Winter in Eichstätt.

Eichstätts Altstadt ist zwar nicht die größte, aber unglaublich schnuckelig – wenn man dieses Wort bei einer altehrwürdigen Dom- und Universitätsstadt überhaupt verwenden darf. Auf jeden Fall gefällt die Innenstadt und deshalb genießt man am Samstagvormittag erst einmal in wohliger Wärme einen Kaffee am Marktplatz. Trotz der Kälte herrscht draußen reges Treiben, denn am Samstag ist (ebenso wie mittwochs) Wochenmarkt. Hier kann man sich mit ein paar frischen Vitaminen für eine kleine Winterwanderung durchs Figurenfeld eindecken. Starten lässt sie sich an den Wanderparkplätzen im Tal zwischen Eichstätt und Landershofen oder wie im Folgenden beschrieben oben am Berg im Spindeltal.

Wenn Schnee liegt, ist die Tour besonders schön – sie ist aber zu jeder Jahreszeit eindrucksvoll. Der Rundwanderweg Nr. 8 führt zunächst talwärts: vorbei an den ersten

»Wächtern«, über Trockenrasen und durch ein schönes Wäldchen. So wird der untere

---

Hin & weg: Bahnhof Eichstätt Stadt; zum Figurenfeld mit der Stadtlinie (nicht sonntags) Richtung Landershofen bis Haltestelle Kipfenberger Straße / Eichendorffstraße, zu Fuß am Radweg 1 km bis unterer Parkplatz Figurenfeld. Parken am Freiwasser; für die Wanderung am oberen Figurenfeld-Parkplatz.

Beste Zeit: Im Winter in der Vorweihnachtszeit zum Adventsmarkt; die Führung im Jura-Museum wird bis Ende Dezember angeboten, dann erst wieder Mitte März.

Dauer & Strecke: Wanderweg im Figurenfeld ca. 1,5 Std. für 3 km.

Ausrüstung: Schneefeste Wanderschuhe und bequemes Schuhwerk für die Stadtentdeckung.

Wenn es Nacht wird: Im zentral gelegenen Braugasthof Trompete (www.braugasthof-trompete.de) sind die Zimmer gemütlich und das Essen – bayerisch oder mediterran – ist fein.

Wanderparklatz erreicht, bevor die Route am Waldrand zum eigentlichen Figurenfeld hinaufsteigt. Über 20 Jahre lang hat Alois Wünsche-Mitterecker an diesen Plastiken aus Portlandzement, Granit- und Basaltkörnern gearbeitet. 78 von ihnen gruppieren sich kauernd und kriechend zu einem bizarr erstarrten Schlachtfeld und damit zu einem Mahnmal gegen Krieg und Gewalt. Danach erreicht der Weg wieder die Ausgangshöhe. Wenn die sinkende Wintersonne das Hessental in goldenes Licht taucht, ist der Kontrast zum Figurenfeld umso deutlicher. Fällt der Besuch in Eichstätt auf die ersten drei Adventswochenenden, geht's danach auf den Adventsmarkt am Domplatz: mit Lagerfeuer zum Aufwärmen oder auf ein Tässchen »Heißer Bischof«.

Am nächsten Tag steht eine Entdeckungstour durch die winterliche Stadt auf dem

Am Nachmittag liegt das Eichstätter Kloster St. Walburg bereits im Schatten. Länger scheint die Wintersonne auf den Wacholderheiden.

Programm. Sie führt unter anderem über den Residenzplatz – einem der schönsten barocken Ensembles in Süddeutschland – und in den Hofgarten an der Sommerresidenz mit seinen Gartenpavillons, mächtigen Bäumen und ornamental geschnittenen Hecken.

Zum Abschluss erklimmt man die Willibaldsburg, wo im Jura-Museum sonntagnachmittags eine kostenlose Führung angeboten wird (www.jura-museum.de). Die dort gezeigten Fossilien stammen aus der Jurazeit und damit aus einer Epoche mit deutlich wärmeren Temperaturen: Vor rund 140 Millionen Jahren war das Altmühltal von einem tropischen Meer bedeckt. Hier tummelten sich der Urvogel Archaeopteryx, der kleine Raubsaurier Juravenator sowie viele weitere Flug- und Fischsaurier. In den riesigen Museumsaquarien bevölkern außerdem »Lebende Fossilien« wie Pfeilschwanz und Knochenhecht zusammen mit farbenprächtigen Fischen ein leuchtend buntes Korallenriff.

FAZIT: WINTERLICHE ZEITREISE DURCH DEN BAROCK, ZU MODERNER KUNST UND DURCHS JURAMEER IN EINER KLEINEN, ABER FEINEN STADT.

SONST NOCH WICHTIG

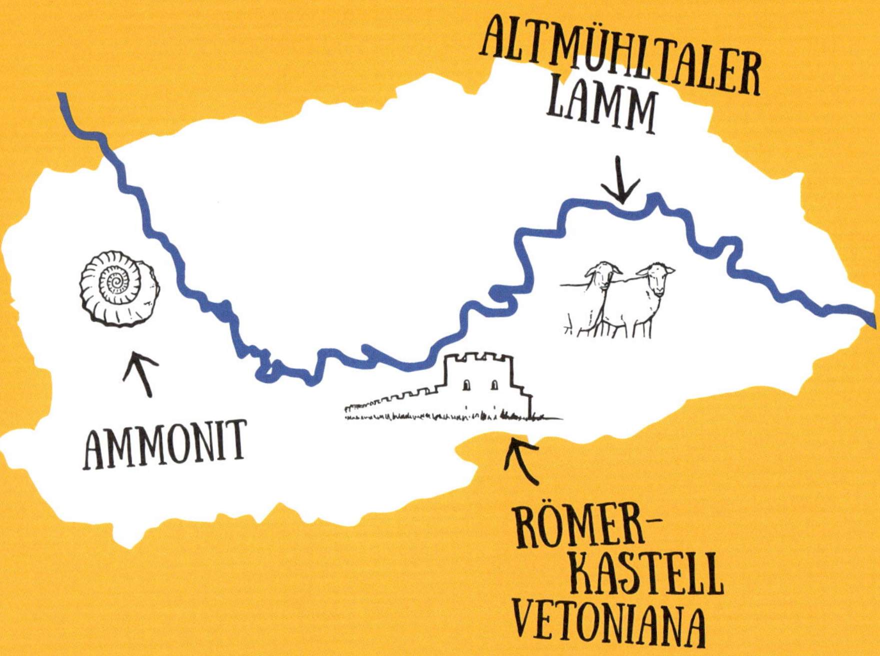

Ein- und Überblick

Karten für den schnellen Überblick, praktische Tipps, mehr über die Autorin sowie ein Ortsregister zum schnellen Nachschlagen gibt es auf den folgenden Seiten.

GPX-Download aufs Smartphone – so geht's

Voraussetzung:

Eine Outdoor-App muss installiert sein, z. B. KOMPASS, Outdooractive oder Komoot. Zum Einlesen des QR-Codes benötigen ältere Android-Geräte eine QR-Code-App. Bei neueren Android- und iOS-Geräten ist diese Funktion in der Kamera integriert.

Daten downloaden:

1. Den QR-Code einlesen oder die Webadresse im Browser eingeben, um auf die Eskapaden-Website zu gelangen.
2. Die gewünschte Tour zum Download anklicken.
3. Bei iOS-Geräten werden die GPX-Daten direkt mit der vorab installierten App verknüpft. Bei Android-Geräten muss ggf. noch ein Weiterleiten-Button geklickt werden (z. B. oben rechts im Display). Manche Apps zeigen den Tourverlauf starr an, andere haben eine Navigationsfunktion dabei.

Tourenverlauf

GPX-Daten zum kostenlosen Download www.dumontreise.de/eskapaden/altmuehltal

short.travel/1nc3p

Auf den folgenden Seiten: Die Eskapaden im Altmühltal in drei Übersichtskarten. Die Ziffern stehen für die Eskapaden-Nummern.

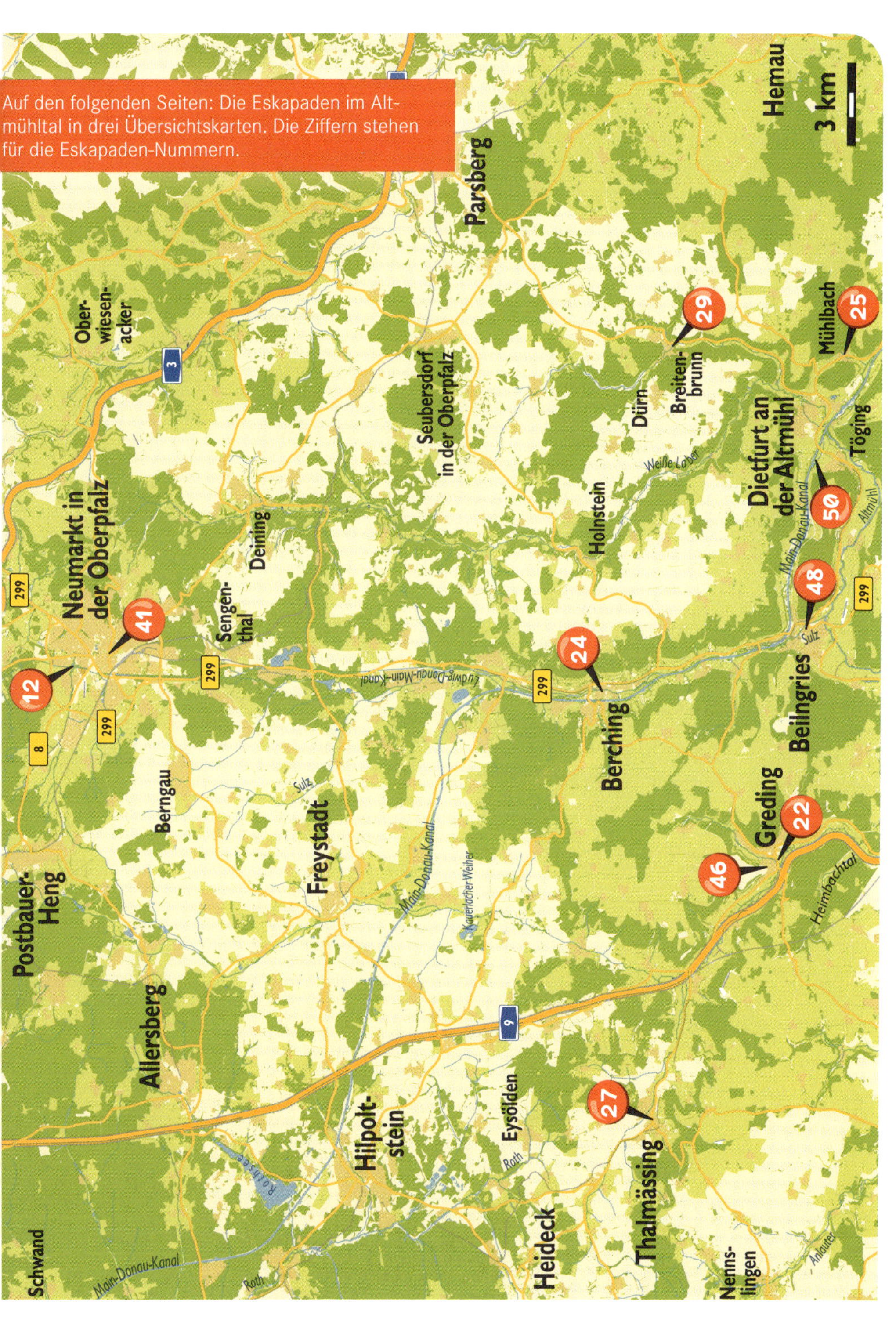

Altmühl-see
Großer Brombachsee
Heideck
Offenbau
Gunzenhausen
Pleinfeld
Thalmässing
Altmühl
Stopfen-heim
Ellingen
Ettenstatt
Ditten-heim
Nennslingen
Weißenburg in Bayern
Burgsalach
Anlauter
Heiden-heim
Wolfs-bronn
Markt Berolzheim
Altmühl
Titting
Rohrach
Hechlingen am See
Raitenbucher Forst
Anlauter
Schambach
Hahnenkammsee
Treuchtlingen
Pappen-heim
Pollenfeld
Ursheim
Preith
Ruperts-buch
Walting
Altmühl
Soln-hofen
Schernfeld
Altmühl
Eichstätt
Pfünz
Langen-altheim
Wemding
Mörnsheim
Alten-dorf
Dolln-stein
Hofstetten
Mühlheim
Fünf-stetten
Monheim
3 km

Titting
Pollenfeld
Eichstätt
Pfünz
Pietenfeld
Pfalzpaint
Hofstetten
Kinding
Pfraun-
dorf
Kipfen-
berg
Arnsberg
Denkendorf
Böhmfeld
Westerhofen
Wettstetten
Eiten-
heim
Nassenfels
Wolkerts-
hofen
Gaimers-
heim
Ingolstadt
Neuburg an
der Donau
Mühlbach
Deising
Riedenburg
Pondorf
Sandersdorf
Köschinger
Forst
Altmann-
stein
Tettenwang
Kelheim, Weltenburg
Oberdolling
Kösching
Groß-
mehringen
Vohburg an
der Donau
Neustadt an
der Donau
Bad
Gögging
Eining
Altmühl
Anlauter
Main-Donau-Kanal
Schambach
Donau
Ilm
Schutter
Maurer See
Igertsheimer See
299
9
13
16
16a
3 km

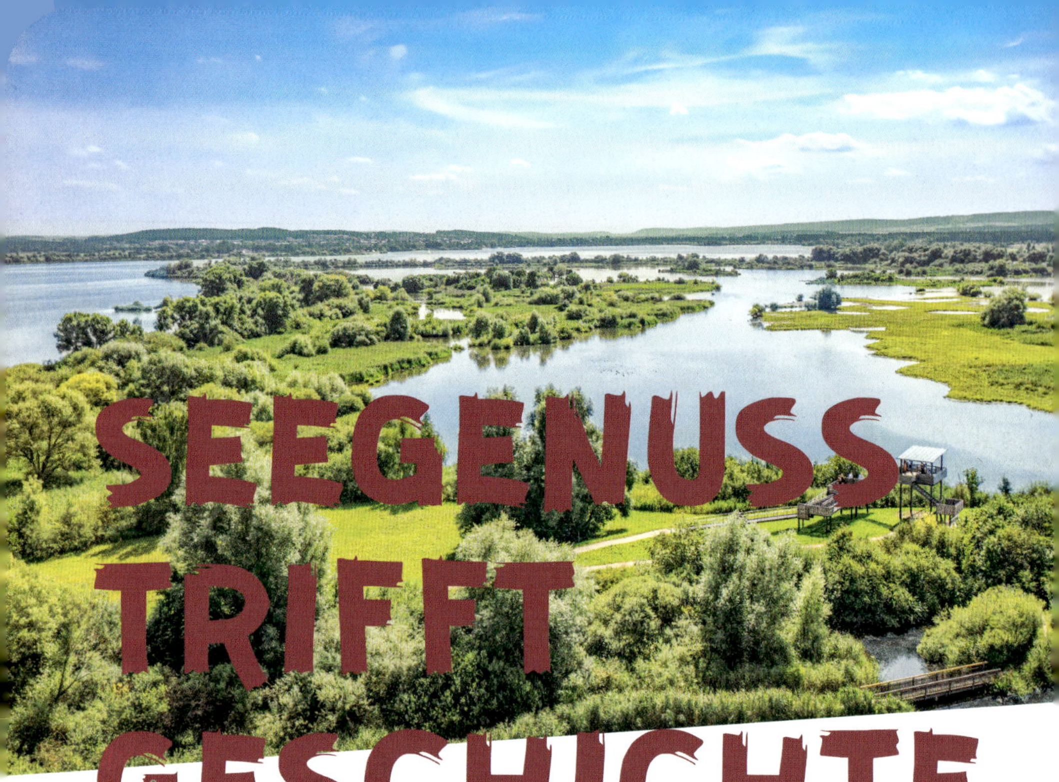

SEEGENUSS TRIFFT GESCHICHTE

... in Gunzenhausen

Extra

#1

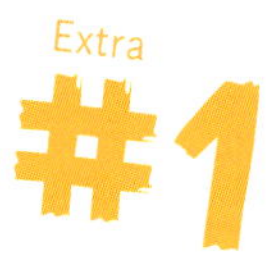

Familien, Aktive oder Geschichtsfans – Gunzenhausen bietet allen spannende Erlebnisse. Vor den Toren der über 1200 Jahre alten Stadt liegen der Altmühlsee mit der Vogelinsel sowie die Urlaubslandschaft des Naturpark Altmühltal.

→ ADVERTORIAL

Türme, Gässchen, Fachwerkhäuser: Gunzenhausen blickt auf über 2000 Jahre Geschichte zurück – und weit über den Altmühlsee mit dem Naturschutzgebiet Vogelinsel.

Über diese Straßen, vorbei an den Fachwerkfassaden und Türmen, ritten einst Fürsten und Händler, durch die Gassen kam der Türmer auf seiner nächtlichen Runde: Unterwegs in Gunzenhausen fühlt sich die Geschichte ganz nah an. Viel jünger, aber ebenso erlebenswert ist das Bade- und Wassersportparadies vor den Stadttoren.

Planschen, schwimmen, segeln, surfen, Stand-up-Paddeln, Sandburgen bauen oder eine Runde mit dem Ausflugsschiff »MS Altmühlsee« drehen: Der nördlich der Stadt gelegene Altmühlsee bietet Platz für Familienspaß und Wassersport. Den Stausee gibt's erst seit den 1980er-Jahren, doch er wirkt ganz natürlich. Das liegt auch daran, dass fast die Hälfte der Seefläche Naturschutzgebiet ist: Auf der Vogelinsel lassen sich viele teils seltene Wasser- und Wat-Vögel beobachten. Naturfans spazieren oder radeln auf dem ebenen Uferweg dorthin; auch eine Schiffsanlegestelle ist in der Nähe.

Spaß für alle am Altmühlsee – auf dem Erlebnisspielplatz am Seezentrum Wald und barrierefrei auf dem Aussichtsturm auf der Vogelinsel.

Ein Anziehungspunkt für Familien ist der große Abenteuerspielplatz am Seezentrum Wald. Er steht unter dem Motto »Römer und Alemannen«

– und das aus gutem Grund: Gunzenhausen liegt als einzige Stadt Bayerns direkt auf dem Limes, der ehemaligen Grenze des römischen Imperiums. Bei Führungen und Erlebnisnachmittagen tauchen die Teilnehmenden in die römische Geschichte ein. Zu bestimmten Terminen kreuzt sogar der originalgetreue Nachbau eines römischen Patrouillenboots auf dem Wasser. Dem Verlauf der antiken Grenze, die zum UNESCO-Welterbe zählt, folgen der Limeswanderweg und der Limes-Radweg. Darüber hinaus ist Gunzenhausen Start- oder Etappenort auf beliebten Fernstrecken wie dem Altmühltal-Panoramaweg, dem Altmühltal-Radweg oder dem Jakobsweg Nürnberg–Oettingen.

Zurück in der historischen Altstadt lassen sich spannende Geschichten entdecken, etwa

vom Markgrafen Carl Wilhelm Friedrich von Brandenburg-Ansbach, der in Gunzenhausen seiner Leidenschaft für die Jagd und für seine bürgerliche Geliebte freien Lauf ließ. Oder von der reichen jüdischen Vergangenheit der Stadt. Außerdem locken Biergärten, Gasthöfe, Restaurants und Cafés, wo hausgemachte Spezialitäten aus heimischen Zutaten serviert werden. Ein Tipp für alle, die es deftig lieben, sind die fränkischen Klassiker wie Bratwürste oder »Schweine-Schäufele«, aber auch Fans der leichten Küche kommen auf ihre Kosten.

FAZIT: EINFACH MAL GANZ TIEF EINTAUCHEN – INS KÜHLE NASS ODER IN DIE VERGANGENHEIT.

Hin & weg: Gunzenhausen ist bequem per Bahn zu erreichen. Vom Bahnhof aus ist man schnell in der Altstadt, aber auch fix am See.

Beste Zeit: Im Frühling locken blühende Streuobstwiesen und Nachwuchs auf der Vogelinsel. Der Sommer ist die ideale Zeit für Badespaß am Altmühlsee. Veranstaltungen wie die Gunzenhäuser Kirchweih und das Fischerfest warten im Herbst. Zu jeder Jahreszeit lohnt der Besuch der historischen Altstadt.

Dauer: Ob ein Tag am See, ein ganzes Wochenende mit Geschichte, Kultur und Natur oder Genussurlaub, so weit die Füße bzw. die Räder tragen auf den Wander- und Radwegen rund um die Stadt – Aktivitäten sind hier nach Lust, Laune und freier Zeit kombinierbar.

Wenn es Nacht wird: Vom Campingplatz am See bis zum Wellnesshotel bietet die Stadt Unterkünfte für jeden Anspruch (www.gunzenhausen.info/gastgeber).

IM LAND VOR UNSERER ZEIT

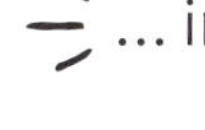

... im Dinosaurier Museum Altmühltal

Extra **#2**

Wissenschaft erleben – Erkenntnisse erfühlen – Tatsachen begreifen – dafür sind Park und Museum ganzjährig geöffnet. Hier kann man bei jedem Wetter einen spannenden Tag erleben.

#JurassicPark #Weltsensationen #Fossiliensuchen #WettlaufmitTRex

Die über 70 lebensgroßen Nachbildungen in einem wunderschönen Wald vermitteln das Gefühl, selbst Teil der Urgeschichte zu sein.

Moosgeruch, frische Luft, weicher Waldboden. Wer auf dem geschwungenen Pfad durch den wunderschönen Wald streift und zwischen dicht stehenden Bäumen hindurchspäht, fühlt sich wie in einer Zeitmaschine. Eine Maschine, die einen schon mal 150 Millionen Jahre in die Vergangenheit transportiert. Vor allem dann, wenn man um eine Kurve biegt und plötzlich einem leibhaftigen 30 Meter langen Diplodocus-Saurier gegenübersteht. Einem Rudel gefähr-

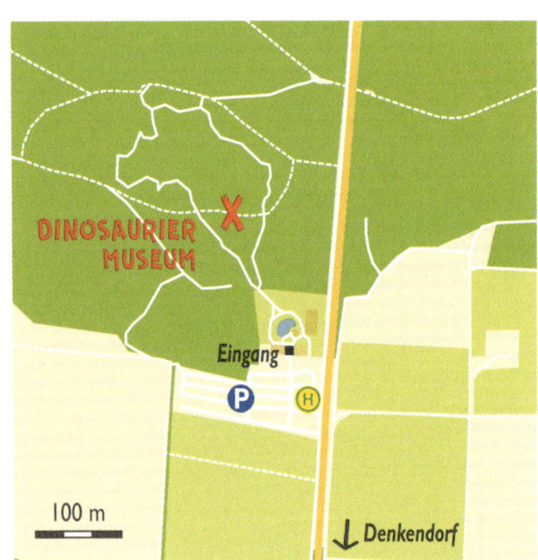

Hin & weg: Nur 2 Min. von der A9 entfernt. Kostenfreie Parkplätze sind ausreichend vorhanden. Von den Bahnhöfen in Ingolstadt ist das Museum bequem mit dem Bus zu erreichen. Weitere Infos unter dinosauriermuseum.de

Beste Zeit: Die 70 lebensgroßen Urzeittiere kann man das ganze Jahr über besuchen. Besonders spannend sind die »Dinoween«-Abendführungen im Herbst oder die Steinzeit-Aktionsprogramme im Winter.

Dauer & Strecke: Für den Rundweg mit 1,5 km brauchen Urzeit-Interessierte ca. 2 Std. Mit Toben auf den großen Abenteuerspielplätzen und Graben nach echten Fossilien vergeht ein Tag wie im Flug.

Ausrüstung: Kleidung, die dreckig werden darf, und bei Sonne eine Kopfbedeckung.

Weltsensationen im Museum – das echte Skelett eines jungen T. Rex, der original Allosaurus »Little Al« und ein Riesenflugsaurier.

licher Velociraptoren. Oder einem Allosaurus, dem angriffslustigen Jäger der Vorzeit.

Im Dinosaurier Museum Altmühltal begibt man sich tief in die Welt der Urzeitriesen. Mit allen Sinnen. Mit viel Spaß. Und mit »Staun-Garantie«. Das liegt vor allem an der Abwechslung. Hier überraschen mehr als 70 Nachbildungen der Urzeitgiganten in Lebensgröße. Beim Fossilienschlagen in der Mitmachhalle gehen alle mit Hammer und Meißel auf die Suche nach echten Versteinerungen. An Taststationen berührt man einen Dinozahn oder die Krallen eines Langhalssauriers. Im virtuellen Wettlauf mit einem Dino stellt sich die Frage: Wäre ich einem Tyrannosaurus Rex entkommen? Spoiler Alert: Nein!

Der Erlebnisort (Gewinner des ADAC-Tourismuspreises) kombiniert spektakuläres Dino-Wissen, tolle Bio-Gastronomie und weitläufige Spielplätze einerseits mit wissenschaftlicher Forschung, einzigartigen Ausstellungen und Welt-Sensationen in einer Museumshalle andererseits. Hier verblüffen das echte Skelett eines jugendlichen T. Rex (Spitzname »Rocky«), das Original-Fossil des Urvogels Archaeopteryx oder der hoch über den Köpfen der Gäste schwebende »Dracula«: So wurde der wohl größte und schwerste Flugsaurier getauft, der je auf diesem Planeten die Lüfte unsicher machte. Nirgendwo, wenn nicht hier, wo früher ein Jurameer das Land bedeckte, fühlt sich die Urzeit authentischer und unterhaltsamer an.

FAZIT: EIN MUSS FÜR ALLE DINO-FANS! ZUM GUCKEN, STAUNEN ODER SELBST HAND ANLEGEN.

NOCH MEHR ESKAPADEN …

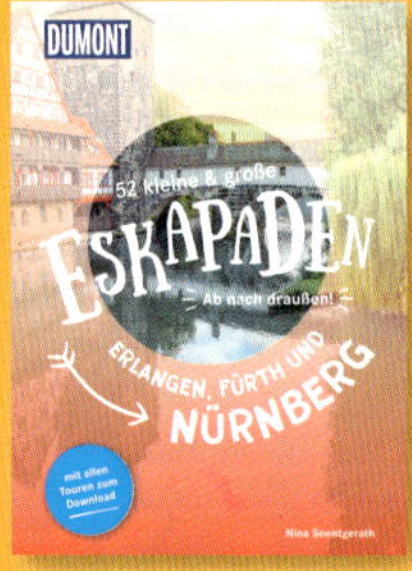

ISBN 978-3-616-11002-8

ISBN 978-3-7701-8089-9

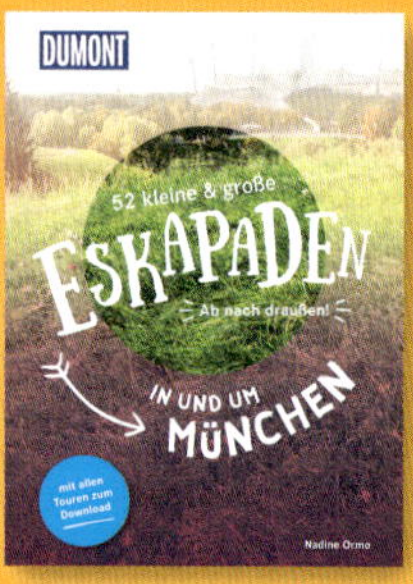

ISBN 978-3-7701-8075-2

IMPRESSUM

Reihenkonzept Monique Sorban

Projektmanagement Tamara Siedler

Cover-/Buchgestaltung & Illustrationen Carolin Weidemann, Köln, www.weidemann-design.com

Umschlaggestaltung, Lektorat & Produktion Verlagsbüro Wais & Partner (Meike Diekmann, Bea König, Julia Rietsch), Stuttgart, www.wais-und-partner.de

Text & Fotos Elisabeth Wein, Pollenfeld; Fotos mit folgenden Ausnahmen: Naturpark Altmühltal/Dietmar Denger (Titel, S. 4, 6, 34–37, 49 u. r., 57 l., 103 r., 128, 130, 134, 135 o., 136–139 l., 140–142, 143 r., 148–150 o., 160 u., 172 o., 182–184, 185 u., 186 o., 188–189 l., 190–191, 193 u., 194, 196 u. l., 197, 198 o., 200 o. l., 204 l., 205 o. r., 211–212, 214 l., 224, 228–231, 234–235), Naturpark Altmühltal/Alexander Rochau (S. 31, 33 r.), Josef Adametz (S. 40 r., 239 l.), Fabian Fürbacher (S. 49 o. r.), Naturpark Altmühltal/Stefan Schramm (S. 50 l., 52 r., 64 r., 126 r., 139 r., 143 l., 144 u., 147 r., 152 o., 154 u. l., 198 u., 200 u. l., 200 r.), Theres Scherzinger (S. 112, 239 r.), Naturpark Altmühltal/Martin Gabriel (150 u. r.–151), Klaus Kopischke (S. 166–167), Ulrich Rössle (S. 169), Naturpark Altmühltal/Andreas Hub (S. 175 r., 190, 207–208, 213), Naturpark Altmühltal/Gerd Grimm (S. 193 o.) Ralph Wein (S. 203), Dinosaurier Museum Altmühltal/H. Meister (S. 232)

Advertorial Text © Stadt Gunzenhausen & Dinosaurier Museum Altmühltal

Kartografie © KOMPASS, Innsbruck, unter Verwendung von Kartendaten von © OpenStreetMap-Mitwirkende, Lizenz CC-BY-SA 2.0

Hinweis Alle Informationen wurden mit größtmöglicher Sorgfalt geprüft. Infolge der Corona-Pandemie kann es allerdings zu kurzfristigen Geschäftsschließungen und anderen Änderungen vor Ort gekommen sein.

Alle Angaben ohne Gewähr. Alle Rechte vorbehalten. Das Werk einschließlich aller seiner Teile ist urheberrechtlich geschützt und darf weder kopiert, vervielfältigt, nachgeahmt oder in anderen Medien gespeichert werden, noch darf es in irgendeiner Form oder mit irgendwelchen Mitteln – elektronisch, mechanisch oder in anderer Weise – weiterverarbeitet werden.

Printed in Poland

1. Auflage 2024
© 2024 DuMont Reiseverlag, Ostfildern
ISBN 978-3-616-02813-2
www.dumontreise.de

Weiterlesen

Mit der jährlichen Gästezeitung »Altmühltal aktuell« sowie Broschüren wie »Die schönsten Rundwanderwege«, »Radtouren im Naturpark Altmühltal« oder »Wasser erleben« zeigt der Naturpark Altmühltal seine Vielfalt (www.naturpark-altmuehltal.de/infomaterial). Praktische Begleiter sind außerdem die ausführlichen Tourenführer zum Altmühltal-Panoramaweg, zum Wallfahrerweg oder zu speziellen Radwegen (www.naturpark-altmuehltal.de/shop).

Geschmackssachen

Unbedingt probieren, etwa im Gasthof Zur Sonne (#43): das zarte Altmühltaler Lamm. Besonders schön ist das Ambiente in den Betrieben, die das Siegel »Zu Gast im Denkmal« tragen, darunter der Güldene Ritter (#38), das Wirtshaus Zum Gutmann und der Höllbräukeller (#17, #32, #46, #52), der Gasthof Post (#24) und der Hotel-Gasthof Zur Linde (#28).

GUT ZU WISSEN ...

Ohne Auto

Viele Eskapaden sind gut mit Bus und Bahn zu erreichen und unter www.bahn.de plan- und buchbar. Außerdem sind Rufbusse sowie die mit Fahrradanhänger ausgestatteten Freizeitbusse und die VGN-Freizeitlinien in Teilen des Naturparks Altmühltal unterwegs. Unter www.naturpark-altmuehltal.de/anreise-und-verkehr sind all diese Möglichkeiten zusammengefasst.

Sicherheit & Notfälle

Im Fall der Fälle die zentrale europäische Notrufnummer 112 (gebührenfrei) wählen, so werden die Rettungsdienste informiert.

Vor Ort im Netz

Jede Menge Draußen-Tipps bieten die Website www.naturpark-altmuehltal.de sowie die Blogger von www.altmuehlfranken-entdecken.de und www.altmuehltaltipps.de

ESKAPADEN-REGISTER ...

Alle Orte mit Seitenverweisen

... über die Autorin

Fürs Journalistik-Studium zog Elisabeth Wein in den Naturpark Altmühltal. Das war nicht die weite Welt, die ihr vorschwebte – aber nach nur einem Sommer mit Sonnentagen am Fluss und Sternennächten auf der Wacholderheide stellte sich die neue Heimat als große Liebe heraus. Mit ihrer Familie lebt sie bei Eichstätt, wo sie als PR-Redakteurin arbeitet, bei Musicals und Kabarett auf der Bühne steht und die fantastische Natur direkt vor ihrer Haustür genießt. Ganz losgelassen hat sie die weite Welt natürlich nicht, weshalb sie leidenschaftlich gerne reist – am liebsten mit VW-Bus Buster.

Für Frühaufsteher

Eskapade #8: Der frühe Vogel zwitschert besser – zumindest bei dieser Sonnenaufgangs-Wanderung über den Dollnsteiner Rossrücken. Sie beschenkt mit absoluter Stille, bevor ein enthusiastisches Vogelkonzert das Frühstück auf der Wacholderheide begleitet.

Teuflisch gut

Eskapade #16: Die Felsen der Zwölf Apostel gehören zu den schönsten Fotomotiven im Naturpark Altmühltal. Auf der Solnhofener Runde »Teufel trifft Apostel« wandert man direkt über die Felsen und hat sie von der Teufelskanzel aus bestens im Fokus.

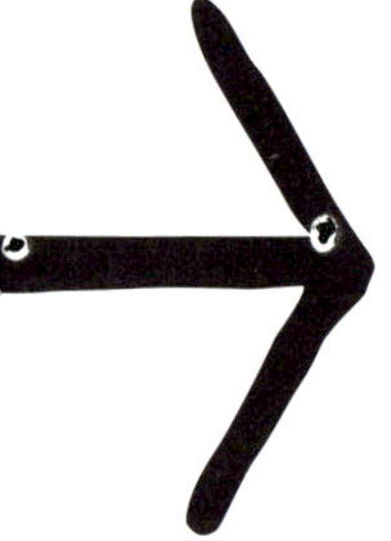

5 BESONDERE EMPFEHLUNGEN ...

Felsenritt in der Klamm

Eskapade #26: Einer der schönsten Wanderwege im Naturpark Altmühltal führt durch die Riedenburger Klamm durch eine mystische Felslandschaft, schwingt sich dann hinauf zur Mittelalter-Burg Prunn und klingt auf der Wacholderheide aus. Wanderherz, was willst Du mehr?

Oase im Biotop

Eskapade #29: Smaragdgrünes Wasser ganz ohne Chlor, dafür aber mit eigenem Biotop, aus dem auch mal ein Frosch hüpft – an einem heißem Tag ist das Naturbad Breitenbrunn eine erfrischende Oase. Dazu noch ein Eiskaffee im Schatten und die Sommerauszeit ist perfekt.

Schäferstündchen

Eskapade #47: Die Radtour auf dem Altmühltal-Radweg zwischen Eichstätt und Treuchtlingen eignet sich bestens für ein Familienwochenende. Abends betten sich bis zu zwei Erwachsene und zwei Kinder bequem im Schäferwagen zur Ruhe.